Heike Kügler-Anger

Vegan grillen

Heike Kügler-Anger

Vegan grillen

Köstliche Rezepte fürs Grillvergnügen

illustriert von Margret Schneevoigt

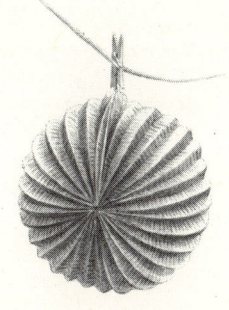

pala verlag

Inhalt

Wie ich lernte, meinen Grill zu lieben

Es gab eine Zeit, da waren alle in meiner Familie ganz verrückt nach Grillen und Gegrilltem. Alle – außer mir. Ich konnte das, was für viele damals wie heute das größte Sommervergnügen ist, partout nicht ausstehen. Mir war der »Familienspaß«, der sich jedes Sommerwochenende aufs Neue abspielte, regelrecht zuwider.

Wie kann das sein, so werden Sie sich jetzt mit Sicherheit fragen. Wie kann jemand, der sich aufgemacht hat, mehr als hundert Rezepte für ein Kochbuch über das Grillen auszuprobieren, zu verfeinern, niederzuschreiben und als köstlich anzupreisen, der Sache an sich negativ gegenüberstehen? Bin ich, Ihre Autorin, oder noch schlimmer, das Buch, das Sie gerade in den Händen halten, nichts als eine Täuschung? Oder liegt mir ganz einfach die Lust am Leiden? Mitnichten.

Ich esse gern. Und wenn ich esse, esse ich gern gut. Und genau hier lag der Kern des Problems. Das, was während meiner Kindheit und Jugend auf dem Grillrost landete, war – zumindest für mich – nicht gut. An der Frische des Grillguts gab es nichts zu mäkeln, aber es passte einfach nicht zu mir. Ich fühlte mich nicht gut damit. Deshalb kam es durchaus vor, dass mir zum Ende eines Grillabends der Magen knurrte. Weil ich nämlich außer der einen oder anderen Scheibe gerösteten Brotes und einer (damals sehr exotisch anmutenden) Grilltomate nichts vom Grill genossen hatte.

Damals (okay, ich will ehrlich sein: vor mehr als drei Jahrzenten) kannten weder meine Familie noch ich das Wort »Vegetarier«. In der Verwandtschaft, im Freundeskreis und im Großteil der Restgesellschaft aß man zu jeder Mahlzeit Wurst oder Fleisch. Grillen ganz ohne Fleisch wäre in dieser Zeit und in dem sozialen Kontext undenkbar gewesen.

Heute stellt sich die Situation deutlich verändert dar. Zugegeben, ich bin älter geworden. Was sich, wie ich meine, aber nicht unbedingt als Nachteil erweist. Ich habe im Laufe der Jahrzehnte erfahren, dass mir eine vegetarische und immer mehr auch die vegane Ernährung ausgesprochen gut tun. Dass sie zu mir passen. Als sich dann für mein neues Buch die Möglichkeit bot, mein altes »Kindheitstrauma« direkt vor Ort, das heißt am glühenden Grill, aufzuarbeiten, habe ich nicht den Bruchteil einer Sekunde gezögert. Ich ahnte, dass inzwischen alles anders, besser, bunter und schmackhafter ist. In dieser Annahme wurde ich nicht enttäuscht. Heute scheue ich mich nicht, zu bekennen: Ich liebe meinen Grill!

Farbe, Genuss und Abwechslung auf dem Grill!

Deshalb möchte ich Sie einladen, diese Veränderungen mit mir zu genießen. Versammeln Sie Ihre Familie, Freunde oder Kollegen um den Grill! Bringen Sie die Kohlen zum Glühen und tischen Sie auf! Sie können mit all dem, was Mutter Natur an rein pflanzlichen Köstlichkeiten bietet, aus dem Vollen schöpfen. Aus frischem Obst und Gemüse, verschiedenen Getreidearten, kunterbunten Hülsenfrüchten, aus richtig zubereitetem Tofu und knackigen Nüssen lässt sich Leckeres für jede Grillsituation kreieren. Ohne, dass ein tierisches Produkt verwendet wird.

Wie wäre es zum Beispiel mit den Klassikern: Burger, Fladenbrot und Spieße? Auch ohne die Verwendung von Fleisch, Eiern oder Milch werden Sie dabei nichts vermissen. Vegan zu grillen, bedeutet Genuss »pur«.

Oder verspüren Sie vielleicht Lust, etwas Neues auszuprobieren? Dann sind zum Beispiel die marokkanisch gefüllten Tomaten oder die argentinischen Tofuscheiben mit Chimichurri-Sauce genau das Richtige für Sie. Haben Sie schon einmal probiert, Chicorée, Kohlrabi oder Süßkartoffeln auf den Grill zu geben? Mit den Rezepten ab Seite 44 lade ich Sie ganz herzlich ein, genau dies doch einmal zu testen!

Weil zu jedem zünftigen Grillfest auch Beilagen gehören, war es für mich sozusagen eine »Grill-Ehrensache«, Ihnen ebenfalls ein paar Rezepte für knackige Salate und Zaziki an die Hand zu geben. Die richtige Würze und den letzten Schliff erhalten all die Köstlichkeiten vom Rost durch eine feine Auswahl an Saucen und Dips.

Und auch verführerische Desserts lassen sich prima auf dem Grill zubereiten. Mit Erdbeer-Salbei-Spießen, gefüllten Schokobirnen oder Zimtschnecken kommen auch Süßschnäbel auf ihre Kosten.

Feiern Sie den Genuss und das Zusammensein mit Gleichgesinnten!

Ihre

Am Anfang war das Feuer

Die Spezies Mensch hat eine ganz besondere Beziehung zum Feuer. Am Anfang der Menschheitsgeschichte, als unsere Vorfahren vor etwa 1,5 Millionen Jahren durch die Savannen streiften, löste Feuer Angst und Panik aus. Nur zu gut wussten die Menschen von damals, welche zerstörerische Kraft von den unkontrollierbaren Flammen ausgeht. Das Feuer zu »domestizieren«, es für sich nutzbar zu machen, das konnten unsere Vorfahren damals noch nicht. Ob es letztendlich ein zu erwartender Entwicklungsschritt in der Evolution oder Zufall war, der die Menschen erkennen ließ, wie man Feuer zweckgerichtet entzündet und bewahrt, das wird sich wohl nie mit Sicherheit klären lassen.

Vielleicht war es ja auch so, wie es uns die griechische Sagenwelt schildert. Darin bringt der griechische Titan Prometheus den Menschen das Feuer. Da Prometheus den Göttervater Zeus bei einer Opfergabe dreist betrügt, verwehrt Zeus in seinem Zorn den Sterblichen fortan die göttliche Gabe des Feuers. Prometheus ersinnt jedoch eine List, sich über die höchstgöttlichen Bestimmungen hinwegzusetzen. Als der funkensprühende Sonnenwagen des Helios an ihm vorbeizieht, hält Prometheus einen Stängel des Riesenfenchels in die Funken. Mit der lodernden Fackel kehrt er zurück zu den Menschen. Und wird von Zeus wieder bestraft.

Das Feuer ist uns Menschen jedoch geblieben. Der Urmensch lernte, das Feuer nicht nur als Wärmespender, als Lichtquelle und Schutz vor Raubtieren, sondern auch zur Zubereitung der Nahrung zu nutzen. Im Feuer Gebratenes ist besser zu verdauen und länger haltbar. Mit der Entwicklung der Kochkunst erschlossen sich zudem neue Nahrungsquellen. Hülsenfrüchte, verschiedene Blätter und Samen, die in rohem Zustand ungenießbar sind, können durch Garen in wertvolle Nahrung verwandelt werden.

Wir, die Menschen der Moderne, empfinden uns mit unseren Elektrokochplatten, Keramik- oder Induktionskochfeldern Lichtjahre von der Urzeit des Feuers entfernt. Und doch scheint in vielen (insbesondere, wenn dem männlichen Geschlecht zugehörig) ein kleiner Prometheus oder Urmensch zu schlummern. Wie ist es sonst zu erklären, dass das Grillen über der (mehr oder minder) offenen Flamme auch im 21. Jahrhundert eine solche Faszination auf uns ausübt? Dass, sobald die Freiluftsaison mit schönen Tagen Einzug hält, in unzähligen Gärten, auf Balkonen oder Campingplätzen, in Parks und auf Wiesen die Grills erglühen?

Grillen bedeutet mehr als nur Kochen im Freien. Grillen weckt die Urinstinkte in uns. Bringt uns in einer Zeit, in der uns unsere Nahrung immer mehr entfremdet wird, zurück zu den Wurzeln. Grillen schafft einen direkten Kontakt zwischen den Lebensmitteln, die wir zubereiten, den Flammen und uns. Lässt uns unmittelbar Zeugen der Zubereitung und des Garprozesses werden. Beim Grillen werden all unsere Sinne erweckt, weil wir sehen, riechen, fühlen, spüren und hören können, wie etwas von einem reinen Lebensmittel zu einer schmackhaften Speise wird. Frische Luft und gute Laune gibt es gratis noch dazu.

Wen wundert es, dass die Grillsaison von Jahr zu Jahr länger währt und mancher Grill-Enthusiast sich weigert, den Grill bei sinkenden Temperaturen in den Winterschlaf zu schicken?

Grill sucht Meister oder Meisterin

In meiner Kindheit wurde am offenen Lagerfeuer, auf einem selbst gemauerten Gartengrill der Nachbarn oder auf Papas Holzkohlegrill gegrillt. An Holzkohlegrills gab es damals vielleicht maximal acht verschiedene Modelle auf dem Markt.

Heute, wo das Grillen zunehmend als »Barbecue« betitelt wird, stellt sich beim Vorsatz, ein neues Gerät für das Garen über offener Flamme zu kaufen, mitunter die Qual der Wahl. Die Lagerfeuer, die gemauerten Grills und die typischen Holzkohlegrills gibt es natürlich immer noch. Hinzugekommen in die große Welt der Grills sind aber nun die Kugelgrills, die Gasgrills, Schwenkgrills, Säulengrills, Elektrogrills, die »Plancha« aus Spanien oder der »Smoker« aus den USA. Damit Sie im Getümmel nicht die Orientierung verlieren, möchte ich Ihnen einen kurzen Überblick geben.

Der Holzkohlegrill

Der Holzkohlegrill ist das Urmodell der Grillgeräte. Er ist in der Regel aus Eisen oder Edelstahl gefertigt, mit einem Rost versehen und wird mit Holzkohle, Holzkohlebriketts oder auch Holz gefüllt. Wenn die Glut dann feurig knistert, kommt so etwas wie Lagerfeuerromantik auf. Der richtige Zeitpunkt, das Grillgut auf den Rost zu legen, ist jedoch nicht, wenn die Kohlen rot züngeln, sondern wenn die Holzkohle gut durchgeglüht ist und sich auf der Oberfläche eine weiße Asche gebildet hat. Das Grillgut wird auf den Rost direkt über die Kohlen gelegt und bei Temperaturen von bis zu 350 °C gegart. Durch die Holzkohle nimmt das Grillgut das typische Raucharoma an, was für viele Grillfreunde unverzichtbar ist.

Der Nachteil von Holzkohlegrills besteht darin, dass man sich gedulden muss, bis es mit dem eigentlichen Grillen losgehen kann. Bis die Kohle die ideale Grilltemperatur erreicht hat, vergehen locker 20 bis 30 Minuten. Ein weiterer Minuspunkt ist, dass Fett oder Marinade direkt in die Glut tropfen und dadurch gesundheitsschädliche Stoffe entstehen können (mehr dazu auf Seite 34).

Sowohl äußerst praktisch als auch gesund ist es, wenn man auf den Rost eine gusseiserne Grillplatte legt. Sie verhindert, dass Flüssigkeit in die Glut tropft, und sorgt außerdem dafür, dass empfindliches Grillgut wie zum Beispiel Bratlinge beim Wenden nicht auseinanderbricht. Auch Gemüse und Obst lassen sich auf der Grillplatte wunderbar garen, ohne dass sie zu schnell austrocknen oder dass sehr dünne Gemüse- oder Obstscheiben durch die Ritzen im Rost in die Kohlen rutschen. Bei vielen Grills neuerer Bauart kann eine den Abmessungen des Grills entsprechende Gussplatte als Zubehör erworben und anstelle des Rosts auf den Grill gelegt werden. Falls dies bei Ihrem Grill nicht möglich ist, gibt es im Handel separate

Gusseisenplatten, die direkt auf den Rost gesetzt werden. Wer bereits eine große Eisenpfanne in der Küche hat, kann diese als Grillplatte auf dem Rost umfunktionieren. Falls das Budget beim Grillen sehr schmal ist, hilft auch ein Backblech aus dem Backofen. Damit nichts auf der Grillplatte anhaftet, muss sie vor dem Grillen gut eingeölt werden. Nach dem Reinigen ist eine weitere leichte »Ölung« angebracht. Wie Sie Ihre Grillplatte richtig pflegen, entnehmen Sie bitte den Hinweisen des Herstellers.

Der Schwenkgrill

Der Schwenkgrill oder Dreibeingrill ist eine »Unterart« des Holzkohlegrills. Das Gestell des Grills besteht aus drei Beinen, die sich an der Spitze überkreuzen und oben fixiert sind. Der Rost hängt an einer Kette über der offenen Feuerstelle, die in der Regel ebenfalls mit Holzkohle gefüllt ist. Der Schwenkgrill lässt sich mit relativ wenig Aufwand auf- und abbauen, sodass man ihn auch als mobilen Grill beim Camping oder Picknick verwenden kann. Durch Schwenken des Rosts oder durch Verlängern oder Verkürzen der Kette kann man die Gartemperatur (in Maßen) verändern.

Der Säulengrill

Allein schon optisch macht der aus einer runden oder quadratischen Säule mit aufgesetzter Feuerschale und Rost bestehende Säulengrill gewaltig etwas her – zumal gerade bei diesem Grillmodell Edelstahl das Material der Wahl zu sein scheint. Optimale Standfestigkeit wird trotz der grazilen Struktur durch einen stabilen Fuß garantiert. Verstellbare Lüftungsschlitze im unteren Teil der Säule sorgen dafür, dass die Feuerschale immer mit genügend Luft versorgt wird. Das bietet den Vorteil, dass die Holzkohle schneller durchgeglüht ist und das Grillgut beim Grillvorgang durch Verstellen der Luftzufuhr optimal gegart werden kann. Durch den Asche-Auffangkasten kann die anfallende Asche nach dem Grillen leicht entsorgt werden.

Der Campinggrill

Diese Grillform ist zusammenklappbar und eignet sich daher zur Mitnahme – nicht nur – auf den Campingplatz. Es gibt den Campinggrill klassisch, das heißt als Holzkohlegrill, aber auch mit Gas oder Strom »befeuert«. Als Gas- oder Elektrogrill kommt er oft in praktischer, da leicht zu handhabender und leicht zu reinigender, Kofferform daher. Wer im Urlaub oder auch am Wochenende auf dem Camping- oder einem schönen Picknickplatz auf sein Grillvergnügen nicht verzichten möchte, für den sind die kleinen Grills genau richtig. Zu beachten ist jedoch, dass nur eine begrenzte Menge an Grillgut auf dem nicht sehr üppigen Rost Platz findet. Für eine zünftige Grillparty im Freundeskreis, mit der Groß-familie oder mit den anderen Campern auf dem Campingplatz sollte man besser einen etwas größeren Grill wählen.

Einweggrills, die es als »Grills to go« an der Tankstelle gibt, bestehen aus einer gelöcherten, etwa DIN-A4-großen Aluschale, schmalen Metall-füßen und einem Rost. Die Grillkohle und der Grillanzünder werden gleich mitgeliefert. Was auf den ersten Blick praktisch anmutet und für Freunde des spontanen Grillens wie geschaffen scheint, erweist sich in der Praxis jedoch als nur bedingt brauchbar. Außerdem sollte man schon alleine wegen der damit verbundenen Müllmenge auf dieses zweifelhafte und in jedem Fall nur kurze Vergnügen verzichten.

Der Kugelgrill

Der Kugelgrill macht seinem Namen alle Ehre, denn er sieht aus wie eine Kugel auf drei Beinen. In der unteren Kugelhälfte befindet sich ein Koh-lenrost, worauf die Holzkohle gelagert wird. Das Brennmaterial liegt also nicht direkt auf dem Boden der Kugel, wodurch die Kohlen besser mit Sauerstoff versorgt werden und so schneller eine lang beständige Glut erzeugen. Unter dem Kohlenrost ist für die einfachere Reinigung eine Ascheschale oder ein Aschetopf angebracht. Über dem Kohlenrost wird der in der Regel nicht höhenverstellbare Grillrost gelagert. Im Unter-schied zum normalen Holzkohlegrill hat der Kugelgrill einen abnehm-baren Deckel mit Belüftungsschlitzen. Wird mit geschlossenem Deckel gegrillt, sorgen die Belüftungsschlitze für eine optimale Zirkulation der heißen Luft im Grillinnenraum.

Mit dem Kugelgrill kann man auf zwei Arten grillen, nämlich direkt und indirekt:

Wenn man den Deckel weglässt und die Holzkohle wie beim traditio-nellen Holzkohlegrill auf dem ganzen Kohlenrost verteilt, wird das Grillgut direkt über den Kohlen bei sehr hohen Temperaturen (von bis zu 350 °C) gegart.

Beim indirekten Grillen wird die Holzkohle an den Rand geschoben und in der Mitte des Kohlenrostes eine Auffangschale platziert. Das Grillgut kommt direkt über die Auffangschale, in die das austretende Fett abtropfen kann. Wird zudem noch der Deckel aufgelegt, lässt es sich bei Temperaturen von 160 bis 200 °C langsamer und schonend garen. Somit ist indirektes Grillen eine sehr saubere wie auch gesunde Sache.

Der Barbecue-Smoker

Grillenthusiasten schwören inzwischen auf einen Barbecue-Smoker, der – wie könnte es anders sein – aus dem Land der unbegrenzten Barbecue-Möglichkeiten stammt. Bei diesen großen, mitunter optisch an eine Klein-lokomotive erinnernden Öfen wird das Grillgut durch den Rauch der verbrennenden, hochwertigen aromatischen Hölzer (Wildkirsche, Walnuss, Buche, Eiche, Erle) langsam und schonend bei Temperaturen von maximal 120 °C gegart.

Die zum Garen notwendige Temperatur wird in einer separaten Feuerkammer erzeugt. Von dort aus zieht die rauchige Hitze in die separate, verschlossene Garkammer, wo das Grillgut auf dem Rost liegt. Ein Kamin am anderen Ende der Garkammer sorgt für den notwendigen Sog und dafür, dass der Rauch nach oben abgeleitet wird.

Die Hitzeregulierung wie auch die Regulierung des Rauchs erfolgt über das Öffnen oder Schließen der Lüftungsklappen in der Feuerkammer und dem Kamin. Möchte man viel Rauch und wenig Hitze erzeugen, schließt man die Lüftungsklappen. Weil dadurch wenig Sog entsteht, bleibt die Temperatur in der Garkammer niedrig und es bildet sich viel Rauch. Soll das Grillgut dagegen nur einen dezenten Rauchgeschmack annehmen, so öffnet man den Deckel der Feuerkammer und die Lüftungsklappen. Mit dem Barbecue-Smoker lässt es sich auch ganz ohne Raucharoma grillen, wenn man anstelle der aromatischen Hölzer hochwertige und damit fast rauchfrei abbrennende Holzkohle verwendet.

Der Gasgrill

Spötter unter der großen Grillfreundegemeinde behaupten, dass der Gasgrill etwas für Ungeduldige ist. Praktisch veranlagte Menschen finden ihn dagegen: praktisch. Weil nämlich das lange Anheizen der Holzkohle beim Gasgrill entfällt. Hier kann das Grillgut in weniger als 10 Minuten auf den

Rost kommen. Außerdem grillt es sich mit einem Gasgrill umwelt- und klimafreundlicher. Der Brennstoff Holzkohle belastet die Umwelt um rund drei Mal mehr als das beim Gasgrill verwendete Flüssiggas.

Die zum Grillen notwendige Hitze wird durch zwei, drei oder auch vier regelbare und durch Piezozünder zu startende Brenner erzeugt, die mit Propangas oder Butangas betrieben werden. Dabei gibt es zwei Systeme:

Bei einem Teil der Gasgrills liegen unter dem Rost Lavasteine oder keramische Briketts, die auf die notwendige Temperatur erhitzt werden. Die Lavasteine verleihen dem Ganzen »Holzkohlegrillatmosphäre«, ohne dass man die damit verbundenen Nachteile in Kauf nehmen muss. Da Lavasteine sehr porös sind, können sie viel vom abtropfenden Fett aufnehmen, sodass kaum gesundheitsgefährdende Stoffe entstehen. Überschüssiges Fett wird in einer Schale aufgefangen, die einfach entleert werden kann.

Bei anderen Geräten befinden sich die Gasbrenner unter Winkelstäben aus Gusseisen oder Stahl, auf die mit etwas Abstand der Rost gesetzt wird. Hier kommt das Fett in der Regel nicht mit der Flamme in Berührung, sondern tropft seitlich ab in die Grillwanne. Von dort aus fließt es dann in eine kleine Fettschale.

Neben ihrer schnellen Einsatzbereitschaft punkten Gasgrills damit, dass die Temperatur sich durch die Drehregler präzise regulieren und überwachen lässt. Außerdem sind sie leichter zu reinigen, weil weder Asche noch Kohlereste anfallen. Da sie kaum Rauch erzeugen, sind sie ideal für das Grillen auf »Balkonien«.

Besonders praktisch sind Gasgrills, die mit einer Haube versehen sind und dadurch sowohl direktes als auch indirektes Grillen ermöglichen. Zudem gibt es vielfältiges Zubehör wie gusseiserne Grillplatten, Pizzasteine oder Bräterpfannen. Inzwischen werden Gasgrills als komplette »Outdoorküchen« angeboten, die zusätzlich mit einem Unterschrank, seitlichen Ablageflächen, einem Warmhalterost und mit einer oder mehreren Kochplatten ausgerüstet sind. Diese Geräte haben allerdings ihren Preis und lohnen sich erst, wenn man während der Sommermonate die Küche und das Kochen nach draußen verlegen möchte.

Bei allen Vorteilen gibt es jedoch auch einen kleinen Wermutstropfen im gasbetriebenen Grillvergnügen. Der typische Holzkohlegrillgeschmack lässt sich mit einem Gasgrill nur unter Verwendung von speziellen, im Handel erhältlichen »Woodchips« (aromatisierte Holzspäne) realisieren.

Plancha-Grillen

Plancha-Grillen ist, rein von der Definition her, kein »echtes« Grillen, es wird jedoch besonders in Frankreich und Spanien seit Jahren mit Genuss und Freude betrieben. Inzwischen hat die »Plancha«, eine aus Guss-eisen oder Edelstahl gefertigte und durch mehrere Gasbrenner erhitzbare Bräterplatte, auch bei uns immer mehr Anhänger gefunden. Der Vorteil gegenüber dem Grillen auf dem Holzkohlegrill besteht darin, dass die »Plancha« in kürzester Zeit bis zu 350 °C heiß wird. Dadurch kann ohne große Wartezeit mit dem Grillen begonnen werden. Durch das Garen bei hoher Temperatur wird das Grillgut außerdem sehr schnell gar, ohne aus-zutrocknen. Besonders Gemüse wird auf der Bräterplatte außen schön knusprig und innen zart. Anders als beim Grillen auf dem Rost, muss man beim Plancha-Grillen nicht mit der Marinade sparen. Ganz im Gegen-teil. Das Grillgut sollte von allen Seiten gut mit Marinade befeuchtet sein. Durch die schräg gestellte Bräterplatte fließen austretendes Fett oder die flüssigen Bestandteile der Marinade direkt in einen dafür vorgesehenen Auffangbehälter ab, wodurch die Entstehung von gesundheitsschädlichen Stoffen vermieden wird.

Ein weiterer Vorteil des Grillens *à la plancha* besteht darin, dass sich problemlos ganze Menüs, von der Vorspeise bis zum Dessert, zubereiten lassen. Zwischen den einzelnen Gängen muss die Platte nur kurz mit Wasser besprüht und mit einem Spatel gereinigt werden. Alles in allem ist das Plancha-Grillen eine saubere wie auch geschmacklich sehr überzeu-gende Sache!

Der Elektrogrill

Um den Elektrogrill in Sekundenschnelle einsatzbereit zu machen, bedarf es nur zwei Dinge: des Grills und einer Steckdose. Deshalb kann man mit den kleinen, kompakten Grillgeräten in null Komma nichts losgrillen. Obwohl es sich dabei nicht um Grillen im »klassischen« Sinn handelt. Beim Elektrogrill legt man das Grillgut auf einen dünnen Metallrost oder eine beschichtete Metallplatte, die durch eine Heizspirale auf Temperatur gebracht werden. Manche dieser Metallplatten sind wie eine Grillschale mit Erhöhungen ausgeformt, sodass mit einem Elektrogrill sogar das typi-sche Grill-Streifenmuster möglich wird. Auf das typische Holzkohlearoma muss man jedoch leider verzichten. Und auch die Mengen, die man auf einmal auf dem Elektrogrill zubereiten kann, sind durch die kleine Auflagenfläche begrenzt. Wer viel Hunger auf Gegrilltes oder viele hungrige Freunde zum Grillen eingeladen hat, sollte etwas mehr Zeit als zum Beispiel beim Grillen mit dem Holzkohlegrill einplanen. Für den Elektrogrill spricht, dass man mit ihm nicht nur draußen, sondern auch, sofern man für die notwendige Belüftung sorgt, in geschlossenen Räumen grillen kann. Manche Geräte kann man, je nach Saison, vom reinen Tischgrill in einen Standgrill umbauen, mit dem es sich gerade auf kleinen Balkonen prima grillen lässt. Äußerst praktisch ist auch, dass viele Elektrogrills so konstruiert sind, dass man die Grillplatten zum Reinigen in die Spülmaschine geben kann. Da macht das Grillen gleich doppelt so viel Spaß!

Die Grillpfanne

Mit der Grillpfanne kommt »Grillfeeling« am heimischen Herd auf. Die rechteckigen Pfannen aus Aluguss mit Antihaftbeschichtung oder, besser, aus emailliertem Gusseisen sind platzsparend und leicht zu handhaben, sodass man sich schnell zum Beispiel einen Burger oder Gemüsespieß mit der typischen Grillstreifen-Optik brutzeln kann. Das Muster entsteht durch die feinen Erhebungen in der Pfanne, zwischen denen sich auch das austretende Fett sammelt. Natürlich kann man das Braten in der Grillpfanne nicht mit dem Grillen auf dem Holzkohlegrill oder Gasgrill vergleichen. Dennoch ist die Grillpfanne bei überraschend auftretendem Regen, im Winter oder wenn man sich keinen teuren Grill anschaffen möchte, eine Alternative für kleine Portionen.

Der Solargrill

Ganz ohne Holzkohle, Gas oder auch Strom kommt der Solargrill aus. Bei diesem Grillgerät sorgt allein die Sonne für die Energie, die notwendig ist, um das Grillgut zu garen. Die Sonnenstrahlen werden im speziell beschichteten, parabolisch geformten Innenraum des Grills reflektiert und sorgen dafür, dass auf dem Rost genügend Hitze entsteht. Da Solargrills sehr leicht zu tragen wie auch aufzubauen sind, eignen sie sich für den Grillgenuss unterwegs – beim Camping, auf der Wiese oder auch am Strand. Voraussetzung ist allerdings, dass tatsächlich auch die Sonne kräftig scheint.

Grillen mit Köpfchen

Auf die Plätze, fertig und »was-die-Kohlen-hergeben-losgrillen«? Dieses Motto ist, wenn das Grillen nicht nur einem selbst, sondern auch der Umwelt Freude bereiten soll, nur bedingt tauglich. Besser ist es, mit Genuss und Verstand, das heißt intelligent wie auch ökologisch sinnvoll, zu grillen.

Grün grillen mit Gemüse

Grillen mit Köpfchen fängt bereits mit der Auswahl des Grillguts an. Den Rost mit großen Fleischportionen zu bestücken, ist weder besonders kreativ noch klimafreundlich. Eine Studie des TÜV Rheinland zeigt auf, dass nahezu 95 Prozent der anfallenden klimarelevanten Emissionen nicht durch das, was unter dem Rost, sondern vor allem durch das, was **auf** dem Rost landet, verursacht werden. Die größten Grillsünder für das Klima sind demnach Rindfleisch und Grillkäse. Gemüse schmeichelt sowohl dem Gaumen als auch dem Klima. Vor allem, wenn beim Einkauf noch auf Bioqualität geachtet wird. Noch besser wird die Klimabilanz, wenn die Zutaten aus der Region stammen. Grüner grillen geht (fast) nicht!

Kohle ist nicht gleich Kohle

Für viele Grillenthusiasten ist Holzkohle noch immer das Grillmaterial der Wahl. Holzkohle entsteht, wenn der Ausgangsrohstoff Holz unter Luftabschluss oder ohne Sauerstoffzufuhr über Stunden auf Temperaturen von über 400 °C erhitzt wird. Dabei werden dem Holz alle flüssigen und gasförmigen Inhaltsstoffe entzogen. Zurück bleibt die dunkelschwarze, energiereiche und rauchfrei abbrennende Holzkohle. Qualitativ hochwertige Holzkohle wird immer aus sortenreinem Holz, zum Beispiel aus Buchenholz, hergestellt.

Bei der Herstellung von Holzkohlebriketts werden kleine Holzkohlestückchen oder Holzkohlestaub mit Hilfe von Weizen- oder Kartoffelstärke zusammengepresst. Sie glühen länger und erzeugen höhere Temperaturen als Holzkohle, benötigen aber mehr Zeit, bis sie so weit durchgeglüht sind, dass man das Grillgut auflegen kann.

Auch beim Kauf von Holzkohle und Holzkohlebriketts lohnt es sich, nach dem Kleingedruckten auf der Packung zu schauen. Grillkohle und Grillbriketts in Premiumqualität werden mit dem DIN-Certco-Zeichen mit Registriernummer gekennzeichnet. Holzkohle ohne DIN-Zeichen kann aus Holzresten oder sogar aus Altholz bestehen, in dem gesundheitsgefährdende Substanzen enthalten sein können.

Um dem Raubbau in Wäldern entgegenzuwirken, sollte die gewählte Holzkohle neben dem DIN-Siegel unbedingt noch das Siegel des Forest Stewardship Council (FSC) tragen. Mit diesem Siegel wird gewährleistet, dass alle Rohstoffe aus nachhaltiger Waldbewirtschaftung stammen.

Die Buche ist hierzulande der häufigste Laubbaum. Holzkohle, die aus reinem Buchen-Restholz aus Sägewerken produziert wird, kann ebenfalls mit gutem Gewissen verfeuert werden. Leider gibt es nur wenige Hersteller, die sich dieser ökologisch wertvollen Produktion quasi mit Feuer und Flamme verschrieben haben.

Eine sehr gute Alternative zur traditionellen Holzkohle ist »Kokoskohle«. Als reines Naturprodukt wird sie zu 100 Prozent aus Kokosschalen hergestellt, die bei der Herstellung von anderen Kokosprodukten als Abfall anfallen. Kokoskohle ist bis zu dreimal ergiebiger als herkömmliche Holzkohle, brennt nahezu rauchfrei ab und wirkt am Grillgut geschmacksneutral.

To do or not to do beim Anzünden

Wenn man die Holzkohlen des Holzkohlegrills zum Glühen bringen möchte, sind entsprechende Anzündhilfen gefordert. Doch nicht alles, was es an Zündstoffen auf dem Markt gibt, ist gleichermaßen geeignet. Manche Zündflüssigkeiten sind sogar extrem gefährlich:

Von flüssigen »Brandbeschleunigern« wie Benzin, Lampenöl oder Spiritus sollte man beim Anfachen des Holzkohlegrills immer und tunlichst die Finger lassen! Diese Zündflüssigkeiten können unkontrollierbare Verpuffungen auslösen, die zu gefährlichen Verletzungen führen.

Besser und sicherer sind flüssige Grillanzünder, die mit einem DIN-Certco- oder TÜV-Zeichen versehen sind. Sie werden gleichmäßig und in Maßen(!) auf die Holzkohle gesprüht und vorsichtig entzündet. Vor dem Auflegen des Grillguts müssen sie komplett abgebrannt sein. Ein Nachteil der flüssigen Grillanzünder ist, dass viele einen Geruch verströmen, der nicht gerade appetitanregend wirkt. Trotzdem passiert es immer wieder, dass gerade kleine Kinder daran nippen, was zu schwersten Vergiftungen führt. Um dies zu verhindern, sollten flüssige Grillanzünder immer deutlich als solche gekennzeichnet sein und außerhalb der Reichweite von Kindern gelagert, beziehungsweise nach dem Benutzen sofort wieder von Kindern ferngehalten werden.

Bedenkenloser anwendbar sind feste Grillanzünder in Form von kleinen Würfeln oder Rechtecken, sofern auch sie das DIN-Certco- oder TÜV-Zeichen tragen. Zum Anzünden schichtet man die Holzkohle zu kleinen Haufen auf, in die man die Würfel hineinsteckt und entzündet. Sobald die Kohle glüht, wird sie gleichmäßig in der Feuerschale verteilt.

Für Technikbegeisterte gibt es spezielle Elektroanzünder, die wie große Tauchsieder aussehen und durch Strom zum Glühen gebracht werden. Sie werden unter die Kohle gesteckt und sollen diese in wenigen Minuten zum Glimmen bringen. Diese Methode funktioniert jedoch natürlich nur dann, wenn sich eine Steckdose in erreichbarer Nähe befindet.

Ganz ohne Technik oder Chemie kommen natürliche Anzündhilfen wie Kienspäne, Reisig oder auch Fichtenzapfen aus. Mit etwas Übung gelingt einem das Anfeuern mit diesen Materialien problemlos. Pappe oder (Zeitungs-)Papier haben dagegen nichts auf dem Grill zu suchen, weil das Material nicht rückstandsfrei verbrennt.

Der Anzündkamin bringt
die Grillkohle schnell
zum Glühen.

Das wohl beste und einfachste Mittel, um den Grill richtig in Schwung zu bringen, ist ein Anzündkamin. Der wird von oben mit der benötigten Holzkohle gefüllt, die unten im Kamin auf einer gelochten Auflage zum Liegen kommt. Zum Anzünden gibt man ein paar feste Grillanzünder oder eine gute Handvoll natürlicher Anzündhilfen auf die Feuerschale des Grills. Sobald diese entzündet sind, stellt man den mit Holzkohle gefüllten Anzündkamin über die Anzündhilfen auf der Feuerschale. Durch den Kamineffekt glühen die Kohlen schnell von unten nach oben durch. Sobald die Holzkohle nach etwa 30 Minuten mit einer weißen Ascheschicht überzogen ist, kann sie vom Anzündkamin in die Feuerschale gefüllt werden. Um Verletzungen durch den heißen Kamin zu vermeiden, sollte man zum Umfüllen auf jeden Fall hitzeabweisende Grillhandschuhe tragen und darauf achten, dass man den Kamin nur am Griff anfasst. Sobald sich die durchgeglühte Kohle in der Feuerschale befindet, kann der Rost aufgelegt werden und das eigentliche Grillen beginnen.

Das Beherrschen von Feuer und Flamme

Manchmal kann es geschehen, dass die Kohle oder das Holz einfach nicht richtig durchglühen wollen. Auf keinen Fall sollte man jetzt zu Spiritus, Benzin oder auch flüssigen Anzündern greifen und einen ordentlichen Schuss auf die unkooperativen Kohlen gießen. Eine derartige Vorgehensweise ist grob fahrlässig! Denn dieses völlig unnötige Spiel mit dem Feuer kann lebensgefährliche Folgen haben! Trifft der Anzünder auf die schon glühende Kohle, entsteht eine massive Verpuffung, die zu schwersten Brandverletzungen führen kann. Zudem kann durch den Flammenrückschlag der Brennstoffbehälter (die Flasche mit dem Spiritus oder Anzünder, der Benzinkanister) in der Hand explodieren und zu schweren Verletzungen am ganzen Körper führen. Oft sind gerade Kinder, die sich in der Nähe des Grills aufhalten, die Opfer solch verantwortungslosen Handelns, weil die Stichflamme oder Verpuffung ihren Gesichtsbereich oder Oberkörper trifft.

Besser und gesünder ist es, die Grillkohle mit sanften Mitteln zur gewünschten Glut zu bringen: Jedes Feuer braucht Sauerstoff zum Brennen. Erhöhen Sie deshalb die Sauerstoffzufuhr, indem Sie, sofern vorhanden, die Luftschlitze an Ihrem Grill weiter öffnen.

Auch ein Blasebalg oder eine zusammengefaltete Zeitung, mit der Sie die Kohlen anfächeln, ist geeignet, um Sauerstoff an die Glut zu bringen. Schneller geht es, sofern Sie nicht mitten auf einer Wiese oder in einer Grillhütte im Wald stehen, mit einem elektrischen Fön.

Sollten die Kohlen beim Grillen schwächeln, hilft es, die Glut mit einem Schürhaken oder einer Grillzange aus Metall vorsichtig durchzurütteln. Dass Sie die Grillzange vor dem Kontakt mit dem Grillgut wieder gründlich reinigen oder eine zweite für das Grillgut bereithalten, versteht sich von selbst.

Die »Blasebalg-Technik« oder »Fön-Technik« sollte auf keinen Fall bei schon aufgelegtem Grillgut angewandt werden, weil dieses dabei mit einer feinen und sehr unerwünschten Ascheschicht überzogen wird.

Auch erfahrenen Grillern kann es mitunter passieren, dass das Brennmaterial nicht ausreicht. Um zu verhindern, dass ein Teil der Gäste oder Nachzügler statt schön gebräunter Gemüsespieße nur noch Rohkost auf die Teller bekommen, hilft es, frühzeitig Kohle nachzulegen. Die neue Kohle kann jedoch nicht einfach auf die alte, bereits durchgeglühte, geschichtet werden. Sie muss ebenfalls erst durchgeglüht sein, bevor sie unter den Rost darf. Es empfiehlt sich, am Grillrand zwei bis vier neue Kohlehäufchen aufzuschichten und anzuzünden. Ist diese Ersatzkohle zum Einsatz bereit, kann sie vorsichtig mit der bereits vorhandenen Kohle vermischt werden.

Gas und Grillen

Gasgrills sind komplexere Geräte als Holzkohlegrills und benötigen beim Kauf wie auch beim Betrieb etwas mehr Aufmerksamkeit. Beim Kauf sollte man auf das GS-Zeichen (Geprüfte Sicherheit) und die CE-Kennzeichnung mit einer vierstelligen Prüfstellennummer achten. Vor der ersten Inbetriebnahme ist es natürlich »Grill-Ehrensache«, sowohl die Bedienungsanleitung als auch die Sicherheitshinweise des Herstellers zu lesen!

Der Bedienungsanleitung kann man auch entnehmen, mit welchem Flüssiggas (Propangas oder Butangas oder einem Gemisch aus beiden) der Grill betrieben werden kann. Am häufigsten wird hierzulande Propangas verwendet, weil es einen besseren Brennwert aufweist. Sofern man nicht Campingfreund ist und schon eine Gasflasche sein Eigen nennt, wird beim Neukauf eines Gasgrills meistens noch eine Propangas-Flasche fällig. Für größere Gasgrills geeignete Gasflaschen gibt es mit einem Inhalt von 5 und 11 Kilogramm. Wer nur ab und zu ein paar Burger oder Gemüsespieße auf den Grill legen möchte, für den reicht meistens die kleine Flasche. Wenn das Grillen in den Sommermonaten zum Wochenendvergnügen per se gehört oder falls man beabsichtigt, auch unter der Woche den Grill anzuzünden, ist man mit einer großen Flasche besser bedient. In jedem Fall sollte immer eine Ersatzflasche greifbar sein.

Die großen 11-Kilogramm-Flaschen gibt es in den Farben Rot und Grau. Rote Flaschen sind als Pfandflaschen an ein Fabrikat gebunden und werden nur von Händlern getauscht, die dieses Gasfabrikat vertreiben. Bei grauen Flaschen kauft man nicht nur das Gas, sondern auch die Flasche, die man dann nach Belieben für lange Jahre wieder auffüllen lassen kann. Erwerben und Nachfüllen kann man die grauen Gasflaschen aus Alu oder Stahlblech in vielen Bau- und Gartenmärkten, im Camping- und Freizeitbedarf und bei speziellen Händlern. Beim Kauf sollte man darauf achten, dass das in einem der beiden Griffe eingestanzte TÜV-Datum noch lange (möglichst die volle Laufzeit, das heißt zehn Jahre) Gültigkeit hat. Ist das TÜV-Datum abgelaufen, kann es schwierig werden, die Flasche wieder auffüllen zu lassen.

Beim Hantieren mit der Gasflasche und dem Gasgrill ist selbstverständlich ein gewisses Maß an Vorsicht zu berücksichtigen. Als Erstes sollte die Gasflasche immer stehend und, falls vorhanden, in dem dafür vorgesehenen Halter gelagert werden. Bei Gebrauch ist das Flaschenventil zu öffnen, nach Gebrauch gleich wieder zu schließen. Weder die Flasche noch die Anschlussschläuche sollten zu großer Hitze ausgesetzt sein. Vor dem ersten »Angrillen« der Saison sowie innerhalb gewisser Intervalle sollte man überprüfen, ob die Schläuche, die Dichtungen und der Druckregler noch intakt und voll funktionsfähig sind.

Das Anzünden des Grills muss immer mit geöffnetem Deckel erfolgen, weil es sonst zu einer Explosion kommen kann. Auch sollten keine leicht entzündlichen Stoffe in der Nähe des Grills gelagert werden. Bitte auch den eingeschalteten Gasgrill niemals unbeaufsichtigt lassen!

Nach dem Grillen ist vor dem Grillen

Wenn das gesamte Grillgut verputzt ist und sich ein Zustand satter Zufriedenheit eingestellt hat, stellt sich die Frage, was mit den noch immer glühenden Kohlen geschieht. Im Idealfall lässt man die Kohlen einfach in Ruhe ausglühen. Und zwar nicht in einer abgelegenen Ecke des Gartens oder der Picknickwiese, sondern in der Feuerschale des Grills! An kühleren Abenden kann der Grill somit noch als Wärmespender dienen.

Falls die Holzkohle oder das Feuer aus irgendeinem Grund (weil zum Beispiel ein Unwetter aufzieht) schnell gelöscht werden müssen, kann man die Glut am besten mit etwas Sand zum Ersticken bringen. Ein Eimer mit Sand und/oder ein (funktionsfähiger!) Feuerlöscher oder eine Löschdecke sollten sowieso immer bereitstehen.

Auch wenn es in Indianer- und Cowboyfilmen oft zu sehen ist: Bitte die Glut oder das Feuer auf keinen Fall mit Wasser oder Bier löschen! Dabei kann es zu einer Verpuffung mit extremer Verletzungsgefahr kommen! Außerdem sind nasse, in Wasser schwimmende Kohlestücke und Asche unappetitlich und erschweren die Reinigung des Grills.

Vor allem, wenn abends gegrillt wird, ist es verständlich, wenn niemand im Anschluss große Lust verspürt, das Grillgerät zu reinigen. Warten und Hinauszögern macht die Angelegenheit aber nicht unbedingt besser. Also heißt es möglichst bald: auf! Ran an Schaufel, Schwamm und Bürste! Die **kalte** Asche kann man dann mit Hilfe einer kleinen Schaufel in die Restmülltonne (nicht in die Biotonne!) füllen.

Um die Feuerschale für das nächste Grillen vorzubereiten, reicht es, sie kräftig mit einer Drahtbürste zu bearbeiten und die dabei noch anfallenden Aschereste zu entsorgen. Stark verkrusteten Rückständen am Grillrost kann man ebenfalls mit der Drahtbürste zu Leibe rücken. Danach den Grillrost mit etwas heißem Seifenwasser und einem Schwamm bearbeiten. Damit der Grillrost in der Grillpause seinem Namen nicht alle Ehre macht und Rost ansetzt, sollte er mit etwas Öl eingerieben werden. Die Außenwände und – falls vorhanden – der Deckel des Grills können ebenfalls mit heißem Seifenwasser gereinigt werden.

Sofern man Grill und Rost gleich nach dem Grillvergnügen reinigt, kann man in der Regel auf spezielle Grillreiniger oder scharfe Reinigungsmittel verzichten. Damit schont man nicht nur den eigenen Geldbeutel, sondern auch die Umwelt!

Bei Gasgrills ist es angebracht, sich nach den Empfehlungen des Herstellers zu richten. In der Regel können die Abdeckungen, der Brenner und der Rost, sofern sie aus Edelstahl oder unbehandeltem Gusseisen bestehen, mit einer Drahtbürste vorgereinigt und mit heißem Seifenwasser nachbehandelt werden. Teile aus emailliertem Gusseisen sollten dagegen nie mit einer harten Bürste oder mit einem Scheuerschwamm in Berührung kommen! Besser ist es, Rückstände mit einem Holzspatel abzuschaben und dann mit einem weichen Schwamm und Seifenwasser nachzuarbeiten. Auch der Grillinnenraum und die Ablageflächen können auf diese Weise gereinigt werden. Die Reinigung geht am besten von der Hand, wenn die Speisereste und Fettspritzer nicht komplett angetrocknet sind.

Auch beim Gasgrill sollten der Rost und/oder die Grillplatte nach der Reinigung leicht geölt werden.

Vorsicht ist besser als Nachsicht

Damit Ihre Grillsaison ein sicherer Erfolg wird, hier noch einmal eine kurze Zusammenfassung der wichtigsten Verhaltensregeln:

- Grillen Sie mit einem Holzkohle- oder Gasgrill nur im Freien.
- Halten Sie mit dem Grill genügend Abstand (mindestens einen Meter) von brennbaren Gegenständen wie zum Beispiel mit Holz verkleideten Wänden, Rankgerüsten und Blumenkübeln aus Holz oder auch Dekorationsmaterial aus Papier (Lampions, Luftschlangen etc.).
- Stellen Sie beim Grillen auf der Terrasse den Grill nur auf Bodenbeläge, die nicht brennbar sind.
- Schließen Sie die Terrassentür, damit kein Rauch in den Wohnbereich eindringt.
- Achten Sie darauf, dass der Grill auf einer ebenen Fläche aufgestellt wird, damit er nicht kippelt und umstürzt.
- Nicht unter einem Sonnen- oder Regenschirm, einer ausgefahrenen Markise oder einem Sonnensegel grillen!
- Niemals Benzin, Spiritus oder Lampenöl als Brandbeschleuniger verwenden.
- Die Holzkohle wie die Anzündhilfen sollten das DIN-Certco-Prüfzeichen aufweisen.
- Keinen flüssigen Grillanzünder auf glühende Kohlen gießen.
- Das Grillgut erst auf den Rost legen, wenn sich auf der Grillkohle eine weiße Ascheschicht zeigt.
- Einen Eimer Sand und / oder einen Feuerlöscher bereithalten.
- Kleine Kinder niemals selbst den Grill anzünden lassen. Mit Jugendlichen unter Aufsicht das Anzünden üben, damit sie nicht erst mit der Clique planlos damit anfangen und sich in Gefahr begeben.
- Darauf achten, dass tobende Kinder und Haustiere einen sicheren Abstand (von zwei bis drei Metern) vom Grill einhalten.
- Beim Hantieren mit heißen Gegenständen wie Rost, Grillschale, Metallspießen und Ähnlichem Grillhandschuhe tragen.

Kleine Grill-Nettikette

Was gibt es Schöneres, als sich bei herrlichem Sommerwetter mit dem Familien- und Freundeskreis um den Grill zu versammeln und bei leckeren Grillspeisen, gekühlten Getränken und netten Gesprächen Spaß zu haben? Leider entbrennen an der glühenden Grillkohle jedoch alle Jahre wieder Streitigkeiten über Balkonbrüstungen und Gartenzäune.

Damit des einen Freud nicht zwangsläufig des anderen Zorn erregt, empfiehlt es sich, von vornherein Rücksicht zu nehmen:

o Gegen Grillen im eigenen Garten oder im Freien ist rein prinzipiell nichts einzuwenden. Dennoch sollten die Zahl der Gäste und der damit verbundene Lärmpegel sich in einem für die Nachbarn erträglichen Rahmen halten. Zwischen 22.00 Uhr und 6.00 Uhr gilt immissionsschutzrechtlich die Nachtzeit, das heißt, ab 22.00 Uhr muss der Lärmpegel deutlich reduziert werden. Übermäßige Rauchentwicklung und Geruchsbelästigungen sind ebenfalls im Sinne der Rücksichtnahme zu vermeiden. Um Stress von vornherein abzuwenden, empfiehlt es sich bei Festen, die Nachbarn frühzeitig zu informieren und um Verständnis zu bitten. Vielleicht feiern die Nachbarn ja auch gern mit?

o Das Grillen auf dem Balkon fordert aufgrund der engeren räumlichen Verhältnisse deutlich mehr Rücksichtnahme. Vom Grill aufsteigende Rauchschwaden, die zudem noch in Nachbars Wohnung dringen, sollten tunlichst vermieden werden. Hier kann das Verwenden eines Gasgrills oder Elektrogrills Abhilfe schaffen, da mit diesen Geräten kein Fett in die Glut tropft. Eingefleischte Holzkohle-Griller sollten auf jeden Fall Grillschalen verwenden und die Windrichtung beachten. Bier oder andere Flüssigkeiten auf das Grillgut zu spritzen, verstößt sowieso gegen den guten Grill-Geschmack.

o Ob es überhaupt zulässig ist, auf dem Balkon zu grillen, kann ein Blick in den Mietvertrag oder in den schriftlich fixierten Beschluss der Eigentümergemeinschaft klären.

o Viele Städte und Gemeinden haben öffentliche Grillplätze in Parks, Grünanlagen, an Seen oder Grillhütten in Waldgebieten eingerichtet, die man umsonst oder gegen eine geringe Gebühr benutzen darf. Bevor man mit Sack und Pack zum Grillen dort erscheint, sollte man sich über die jeweiligen Bestimmungen bei der zuständigen Gemeinde informiert haben. Dass man den verursachten Müll einsammelt und die Grillstelle in ordentlichem Zustand verlässt, sollte selbstverständlich sein.

○ Natur- und Landschaftsschutzgebiete sind immer grillfreie Zonen!

○ Nur weil eine Waldlichtung oder eine Wiese idyllisch gelegen ist, darf man dort nicht automatisch den Grill auspacken. Offenes Feuer, also ein Lagerfeuer oder Grillfeuer, ist im Abstand von weniger als 100 Metern zum Wald allein schon aus Brandschutzgründen verboten. Landwirtschaftliche Flächen (Wiesen, Felder) sind meist Privatgrundstücke. Werden sie durch das Feuer oder auch Lagern beschädigt, so kann das als Sachbeschädigung gewertet und geahndet werden. Um Ärger zu vermeiden, sollte man entweder den Eigentümer ermitteln und höflich um Erlaubnis fragen oder auf öffentliche Grillplätze ausweichen.

○ Einweggeschirr, Gläser und Besteck aus Kunststoff sind überhaupt nicht »cool«, weil sie die Umwelt unnötig belasten. Besser ist es, Geschirr aus Porzellan oder Steingut oder unzerbrechliches Campinggeschirr zu verwenden. Damit beim Transport nichts zu Bruch geht, kann das Geschirr in Küchentücher eingeschlagen werden. Wenn sich viele zum gemeinsamen Grillen einfinden, kann man bei der Einladung darauf hinweisen, dass jeder in Sachen Geschirr bitte »Selbstmitbringer« ist.

Die richtige Umhüllung – ohne Alu

Viele Gemüsegerichte schmecken besonders lecker, wenn sie verschlossen, das heißt im eigenen Saft, gegart wurden. Im Backofen verwendet man für diese Art des schonenden Garens eine Auflaufform mit Deckel. Beim Grillen kommt oft Aluminiumfolie zum Einsatz, in die man das Gemüse einhüllt und als Päckchen auf den Rost setzt. Viele Grillmeister schwören geradezu auf die glitzernde Folie, die neben dem Garen auch zum Sauberhalten des Grills benutzt wird. Aber ist Alufolie tatsächlich so praktisch und positiv, wie man häufig glaubt?

Ein Blick auf die Fakten zum Thema Aluminiumfolie rückt die Glitzerfolie in ein weniger glanzvolles Licht:

o Die Herstellung von Aluminium ist sehr energieaufwendig. Um 1 Kilogramm Aluminium durch Schmelzflusselektrolyse zu gewinnen, sind bis zu 16 Kilowattstunden Elektroenergie notwendig.

o Aluminium wird aus dem Vorstoff Bauxit gewonnen. Bauxit ist ein Verwitterungsprodukt aus tonhaltigem Kalk-Silikat-Gestein, das aus Aluminiumoxiden, Aluminiumhydroxiden und anderen Mineralien besteht. Es wird unter anderem in Australien, China und Brasilien im Tageabbau gewonnen, wodurch weitflächige Landschaften zerstört und irreversible Schäden des Ökosystems verursacht werden.

o Bei der Erzeugung von Aluminium fallen hochgiftige Abfallprodukte wie Kohlenmonoxid, Kohlendioxid, Schwefeldioxid, Fluorwasserstoff sowie Rotschlamm an.

Vieles spricht dafür, normale, handelsübliche Alufolie gar nicht oder zumindest sehr sparsam zu verwenden. Eine gute Alternative ist Aluminiumfolie, die zu 100 Prozent aus Recycling-Aluminium gefertigt wird und für deren Herstellung dadurch nur 5 Prozent der ursprünglichen Herstellungsenergie benötigt werden. Gebrauchte Alufolie sollte man immer durch das Duale System, das heißt im gelben Sack oder in der gelben Tonne, dem Recycling zuführen.

Alternativen zu Aluminium

Wenn man beim Grillen auf Alufolie verzichten möchte, so kann man auf folgende pfiffige, wie auch umweltschonende Alternativen ausweichen:

o Einige Obst- und Gemüsearten wie Kartoffeln oder Bananen lassen sich direkt in der Schale grillen.

o Würzige Gemüsemischungen lassen sich prima in kleinen, gut eingeölten Pfännchen aus Eisen oder Gusseisen auf dem Rost garen. Wenn darüber noch ein Deckel (entweder der Pfannendeckel oder Deckel des Grills) gesetzt wird, trocknet das Gemüse nicht so schnell aus. Die Pfännchen sind nicht nur hübsch anzusehen, sondern können gleichzeitig den Teller ersetzen (Tischuntersetzer bereithalten!). Kleine hitzebeständige Keramikförmchen erfüllen den gleichen Zweck.

o Auch in kleinen Edelstahl-Auflauf-Formen kann man gut auf dem Grill garen. Da das dünne Material die Hitze jedoch sehr gut weiterleitet, sollte man immer genügend Öl verwenden und den Rost mit der Auflaufform nicht auf die unterste Stufe setzen.

o Sofern man bei nicht allzu hoher Temperatur grillt, können Gemüse- oder Obstzubereitungen in ein oder mehrere Lagen von großen Blättern eingeschlagen werden, die man dann mit Zahnstochern fixiert. Genügend Raum bieten große Kohl-, Wirsing- oder Rhabarberblätter. Damit sie sich besser biegen lassen, kann man sie vor dem Füllen kurz (2 bis 3 Minuten) in kochend heißem Wasser blanchieren und in Eiswasser abkühlen. Danach sollten sie gut abgeschüttelt und vor dem Füllen auf der Innenseite leicht mit Öl bestrichen werden.

o Richtig gut füllen lassen sich auch Bananenblätter, die man zum Beispiel im Asia-Shop tiefgekühlt kaufen und zuhause wieder einfrieren kann. So hat man immer einen Vorrat an »Verhüllungsmaterial« in der Tiefkühltruhe. Zum Füllen lässt man die Bananenblätter auftauen und schneidet sie großzügig zurecht. Damit nichts von der Füllung ausläuft, empfiehlt es sich, mindestens zwei Lagen von Bananenblättern zu verwenden und jede Lage mit einem Zahnstocher

zu sichern. Nach dem Genuss des Inhalts können die Blätter auf dem Kompost oder in der Biotonne entsorgt werden. Die Garzeit, die das Grillgut in den Blättern benötigt, hängt natürlich von der jeweiligen Temperatur der Glut oder Gasbrenner sowie von der Füllung selbst ab, wodurch es sich als schwierig erweist, verbindliche Garzeiten anzugeben. Im Regelfall benötigen die Päckchen jedoch etwa 15 Minuten auf dem Grill, bis sie verzehrbereit sind. Im Zweifelsfall empfiehlt es sich, nach knapp 10 Minuten ein Probepäckchen vom Grill zu nehmen und vorsichtig nachzuschauen (siehe Seite 43).

o Unter gewissen Umständen lässt sich Alufolie auch durch handelsübliches Backpapier ersetzen, das bis 220 °C hitzebeständig ist. Bevor man das Grillgut auf das Papier gibt, sollte dieses jedoch von beiden(!) Seiten angefeuchtet werden. Nach dem Befüllen mit dem Grillgut wird das Backpapier nach oben zusammengeschlagen und mit hitzebeständigem Küchengarn zusammengebunden. Dann setzt man die Päckchen aus Backpapier auf die **Grillplatte** und lässt alles bei mittlerer Temperatur (Grillplatte liegt auf der oberen oder mittleren Stufe) garen. Dabei sollten die Päckchen sicherheitshalber nicht aus den Augen gelassen werden.

o In Backpapier gehülltes Grillgut darf jedoch **niemals** auf den Rost gesetzt werden oder mit der offenen Flamme in Kontakt kommen!

o Aluminium findet beim Grillen nicht nur als Folie, sondern häufig auch in Form von Grillschalen Verwendung. Diese »einmal-auf-den-Grill-und-dann-auf-den-Müll-Schalen« lassen sich durch wiederverwendbare Grillschalen aus Edelstahl oder Emaille ersetzen. Die höheren Anschaffungskosten relativieren sich dadurch, dass diese Schalen viele Grillsaisons lang verwendet werden können.

Notwendiges und Nützliches

Die Zeiten ändern sich – auch beim Grillen. Früher genügte ein einfacher Holzkohlegrill oder ein Lagerfeuer, um einen zünftigen Grillabend zu erleben. Heute gibt man ein kleines Vermögen für die »Grillstation« und das passende Zubehör aus. Doch ist für das perfekte Grillvergnügen wirklich alles notwendig, was da in den Hochglanzkatalogen der Grillhersteller oder auf den Ausstellungsflächen der Baumärkte und Gartencenter glänzt? Was ist beim breiten Angebot der auf Neudeutsch bezeichneten »Grillgadgets« unabdinglich und was schlichtweg überflüssiger Schnickschnack?

Mit der folgenden Liste möchte ich Ihnen einen kleinen Überblick darüber geben, was beim Grillen zur besseren Handhabung, aus Sicherheitsgründen und für die perfekte Zubereitung der Speisen meiner Meinung nach vorhanden sein sollte. Selbstverständlich lässt sich diese Liste beliebig nach Ihren ganz persönlichen Vorstellungen erweitern. Als hilfreich hat sich Folgendes erwiesen:

- Eine kleine **Metallschaufel,** um die Kohlen in und die Asche aus der Feuerschale zu schaufeln. Mit einer Maurerkelle aus dem Baumarkt ist man preisgünstig gut bedient.
- Ein (langstieliges) **Stabfeuerzeug,** um die Anzündhilfen zu entzünden.
- Ein **Grillkamin** und Anzündhilfen (nähere Informationen dazu finden Sie auf der Seite 20).
- Zwei hitzefeste **Grillzangen.** Eine, um die Kohlen, und eine zweite, um das Grillgut auf dem Rost zu wenden.
- Wiederverwendbare **Grillschalen** aus Edelstahl oder Emaille.
- Eine gusseiserne **Grillplatte,** um empfindlicheres Grillgut oder dünne Scheiben von Obst und Gemüse optimal zu garen.
- Geeignete **Spieße.** Holzspieße sind in fast jedem Supermarkt in mindestens zwei Längen zu finden. Wahre Grill-Ästheten benutzen echte Bambusspieße. Ob Bambus oder einfaches Holz – um die Spieße vor dem Verkohlen zu schützen, sollten sie, bevor man das Grillgut aufspießt, 10 bis 15 Minuten gewässert werden. Nach dem Grillen entsorgt man die Holzspieße im Biomüll. Metallspieße sind wiederverwendbar und in unterschiedlichen Längen erhältlich. Achten Sie jedoch darauf, dass die Spieße nicht zu lang sind, weil sie mit zunehmender Länge

schlechter zu handhaben sind. Für das indirekte Grillen mit Deckel sind sowieso kürzere Spieße besser geeignet, damit der Deckel korrekt zu schließen ist. Damit das Grillgut beim Wenden nicht von den Metallspießen rutscht, sollten sie möglichst abgeflacht sein.

- **Hitzefeste Handschuhe,** um die heißen Metallspieße oder andere erhitzte Teile ohne Verbrennungsgefahr anzufassen. Normale Topflappen sind oft zu dünn und zu klein, um sicher zu schützen.
- Ein **Pinsel,** um Öl oder Marinade aufzutragen. Silikonpinsel sind hierzu die beste Wahl. Sie vertragen Temperaturen bis zu 300 °C, können mühelos und hygienisch gereinigt werden und verteilen die Flüssigkeit gleichmäßig, ohne dabei Borsten zu lassen.
- Eine **Grillbürste** ist eine gute Hilfe, um den Edelstahlrost von festsitzenden Verschmutzungen zu befreien.
- Wenn Sie Ihren Grill die ganze Saison über oder sogar im Winter draußen stehen lassen möchten, ist eine stabile **Abdeckhaube** notwendig. Bei Wind sollte diese durch eine Schnur oder durch einen kleinen Spanngurt am Davonfliegen gehindert werden.

Gesundheit und Grillen

Knackiges Obst und Gemüse, frische Kräuter, Hülsenfrüchte, Vollkorngetreide, Sojaprodukte sowie Nüsse, Kerne, Samen und hochwertige Pflanzenöle bilden die grüne Basis, auf der eine vollwertige und ausgewogene vegane Ernährung stehen sollte. Denn all diese Lebensmittel sind wahre Multitalente in Sachen Gesundheit und Geschmack. Von daher ist es nur folgerichtig, den Grill nach Lust und Laune mit veganem Grillgut zu bestücken. Dieses punktet nicht nur durch zahlreiche Vitamine, Mineralstoffe und Spurenelemente, sekundäre Pflanzenstoffe und Ballaststoffe. Es sorgt auch dafür, dass die beim Grillen von Fisch oder Fleisch entstehenden Schadstoffe von vornherein vermieden werden. Vegan zu grillen, bedeutet also in doppelter Hinsicht, gesund zu grillen.

Kleine Einschränkungen

Weil auch bei den schönsten Dingen im Leben immer irgendwo ein kleiner, piekender Widerhaken vorhanden ist, gilt die Gleichung »vegan grillen = gesund grillen« allerdings nur mit kleinen Einschränkungen. Denn auch beim Grillen von rein pflanzlichem Grillgut können, sofern man sich nicht an die im Anschluss aufgeführten Ratschläge hält, für die Gesundheit schädliche Stoffe entstehen.

Um ganz auf der sicheren Seite des Grills zu stehen, sollten zur Vermeidung unliebsamer Schadstoffe folgende Ratschläge beherzigt werden:

○ Beim indirekten Grillen, bei dem die Kohlen am Rand des Grills liegen und das Fett in eine Auffangschale tropft, sowie beim Grillen mit dem Gasgrill oder Elektrogrill entstehen keine schädlichen Stoffe.

○ Beim Grillen von fettreichen (da zum Beispiel mit viel Öl oder Marinade bestrichenen) Speisen auf dem Holzkohlegrill immer Grillschalen oder eine Grillplatte verwenden.

○ Das Grillgut erst auf den Grill geben, wenn die Kohlen mit einer weißen Asche überzogen sind.

○ Sehr dunkle oder verkohlte Stellen am Grillgut vor dem Verzehr großzügig wegschneiden.

- Stärkehaltige Speisen wie Kartoffeln, Brot und Backwaren nicht auf der untersten Stufe des Rosts grillen und nicht allzu braun werden lassen. Am besten an die Faustregel »vergolden statt verkohlen« halten.
- Hitzestabile Öle wie natives Olivenöl extra, Rapsöl oder Erdnussöl verwenden.
- Mit Senf, frischen Kräutern und Knoblauch verfeinerte Grillzutaten schmecken nicht nur aromatischer, sondern heben die Wirkung von schädlichen Stoffen im Organismus teilweise auf. Senf wirkt zudem verdauungsfördernd.
- Marinaden vor dem Grillen gut abschütteln.
- Falls noch Reste von der Marinade vorhanden sind, diese erst kurz vor dem Ende der Grillzeit auftragen, damit sie nicht ins Grillgut einbrennt.
- Zuckerhaltige Marinaden nicht allzu hohen Temperaturen aussetzen, weil der Zucker schnell anbrennt und das Grillgut bei zu hoher Hitze schnell dunkel färbt.

Vegan und gesund nicht nur beim Grillen

Sofern Sie nicht nur beim Grillen, sondern auch sonst eine rein pflanzliche Ernährungsweise vorziehen, sollten Sie besonders darauf achten, sich ausgewogen und vollwertig zu ernähren.

Sorgen Sie insbesondere dafür, mit genügend Vitamin B_{12}, Vitamin D, Kalzium und Zink versorgt zu sein. Wenn eine adäquate Versorgung allein durch Ihre Ernährung nicht zu bewerkstelligen ist, überlegen Sie bitte mit Ihrem Arzt oder Ernährungsberater, wie und in welchem Maße diese Vitamine und Mineralstoffe durch Nahrungsergänzungsmittel zugeführt werden können.

Grillen mit Spaßfaktor

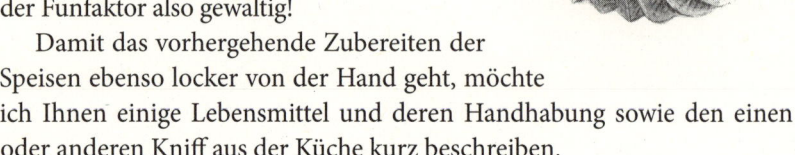

Am munter vor sich hin glühenden Grill zu stehen, die Burger oder Spieße geschickt mit der Zange zu wenden, während das gut gekühlte Lieblingsgetränk auf dem Beistelltisch und ein netter Mensch, mit dem man plaudern kann, neben einem stehen, das macht Spaß. Beim Grillen ist der Funfaktor also gewaltig!

Damit das vorhergehende Zubereiten der Speisen ebenso locker von der Hand geht, möchte ich Ihnen einige Lebensmittel und deren Handhabung sowie den einen oder anderen Kniff aus der Küche kurz beschreiben.

Kleines ABC der Grill-Küchenpraxis

Artischocken gehören botanisch zu den Distelgewächsen, sind aber kulinarisch eine Delikatesse. Vor dem Kochen müssen sie zurechtgeschnitten werden. Dazu den Stiel, die oberen Spitzen und die äußeren harten Blätter mit zum Beispiel einer Schere abschneiden. Auch die in der Mitte der Artischocken liegenden Samenfäden (das Heu) müssen entfernt werden. Nach dem Anschneiden werden die Artischocken in mit Essig oder Zitronensaft gesäuertes Wasser gelegt, weil sonst die Schnittflächen oxidieren und braun anlaufen. Das dekorative Gemüse kann nur zum Teil gegessen werden. Richtig schmackhaft sind nur die inneren, zarten Blätter und die Blütenböden.

Artischocken sollten beim Kauf noch fest sein und keine braunen oder schrumpeligen Blätter aufweisen.

Blanchieren bedeutet kurzes Vorgaren von zum Beispiel Gemüse in sprudelnd kochendem Wasser. Dabei wird das Gemüse für 2 bis 3 Minuten in die kochende Flüssigkeit gegeben und danach sofort in Eiswasser abgeschreckt. So bleibt die Farbe erhalten und das Gemüse knackig. Große Wirsing- oder Kohlblätter oder Zucchini- oder Auberginenscheiben werden weicher und lassen sich leichter biegen. Die Garzeit des Gemüses auf dem Grill verringert sich durch das Blanchieren.

Bulgur wird vorwiegend aus Hartweizen hergestellt, der (ähnlich wie Couscous) geschält, vorgekocht, wieder getrocknet und dann zerkleinert wird. In der Küche des Nahen und Mittleren Ostens wird er häufig verwendet. Weil sich damit schnell kochen lässt, ist er auch hierzulande beliebt: Bulgur wird in kochend heißes Wasser eingerührt, muss nur kurz kochen und dann ausquellen – fertig!

Couscous ist ein Grundnahrungsmittel der nordafrikanischen Küche. Er besteht aus befeuchtetem und zu Kügelchen zerriebenem Hartweizengrieß. In unserem Kulturraum wird meistens vorgegarter und erneut getrockneter Instantcouscous verwendet. Instantcouscous wird in kochend heißes Wasser eingerührt und muss danach nur noch kurz ausquellen. Er kann warm (als Beilage oder Füllung) oder kalt (als Salat) serviert werden.

Gelbes Maismehl wird aus getrockneten Maiskörnern fein gemahlen. Es enthält kein Gluten (Klebereiweiß), weshalb man beim Backen zusätzlich noch Weizenmehl verwenden sollte. Maismehl kann auch zum Andicken von Speisen und als Bindemittel benutzt werden, wodurch die Gerichte zusätzlich eine schöne Färbung bekommen.

Getrocknete Hülsenfrüchte (Bohnen, Kichererbsen, Linsen) enthalten im unerhitzten Zustand Giftstoffe, die erst durch Kochen oder Keimen unschädlich gemacht werden. Sie müssen (mit der Ausnahme von Linsen) in der dreifachen Menge Wasser etwa 12 Stunden einweichen. Danach das Einweichwasser abgießen, die Hülsenfrüchte mit frischem Wasser bedecken und zum Kochen bringen.

Sie müssen nach dem Einweichen in etwa so lange gekocht werden: Kidneybohnen 45 bis 60 Minuten, weiße Bohnen 60 Minuten, Kichererbsen 30 bis 45 Minuten, rote Linsen 10 bis 12 Minuten (ohne vorheriges Einweichen). In einem Schnellkochtopf ohne vorheriges Einweichen sind sie deutlich schneller gar.

Sie können gut eingefroren werden: Dazu die gekochten Hülsenfrüchte in einen Durchschlag geben, mit klarem Wasser abspülen und sehr gut abtropfen lassen. Dann portionsweise in Gefrierbeutel füllen und für 6 bis 8 Wochen in die Tiefkühltruhe geben.

Geröstetes Kichererbsenmehl wird aus den geschälten, halbierten und schonend gerösteten Samen der Kichererbse hergestellt. Es hat einen etwas nussigen Geschmack und kann wie Weizenmehl für herzhaftes Gebäck verwenden werden. Kichererbsenmehl ist zum Binden von kalten und warmen Speisen gut geeignet.

Johannisbrotkernmehl wird aus den gemahlenen Samen des Johannisbrotkernbaums gewonnen. Es bindet kalte und warme Speisen. Das Bindemittel wird unter verschiedenem Namen angeboten. Bitte beachten Sie beim Gebrauch auch die Mengenangaben der Hersteller.

Marinaden machen Tofu, Gemüse und Obst zarter und aromatischer. Sie bestehen aus Pflanzenölen und sauren Flüssigkeiten (Essig, Zitronensaft), die mit Gewürzen und Kräutern aromatisiert werden. Sie können auch Sojasauce enthalten, was die Speisen sehr würzig macht. Sie sollten auf jeden Fall mit genügend Öl angerührt werden, um zu verhindern, dass das Grillgut auf dem Rost ansetzt oder zu schnell austrocknet.

Durch die Zugabe von Roh-Rohrzucker oder Ahornsirup werden Marinaden milder. Zuckerhaltige Marinaden bewirken auch, dass die Speisen beim Garen schneller gebräunt werden.

Die Marinaden sollten immer gründlich aufgetragen werden, damit sie die Speisen vollständig überziehen. Sie benötigen Zeit, um die Speisen aromatischer zu machen. Je nach Rezept sollten die Speisen zwischen 15 Minuten (zum Beispiel Gemüsespieße) und bis zu 8 Stunden (zum Beispiel Tofu) in der Marinade ziehen. Um zu verhindern, dass Öl in die Glut tropft, sollte die überschüssige Marinade vor dem Grillen abgeschüttelt werden. Reste der Marinade können zum Ende der Grillzeit aufgetragen werden.

Meersalz wird aus Meerwasser in speziellen Salzgärten gewonnen. Es gibt grobes und feines Salz. Besonders hochwertig ist das sehr feine »Fleur de sel« oder »Flor de Sal«. Es bringt den Eigengeschmack der Zutaten besonders gut zur Geltung. In den Rezepten kann das Meersalz durch Steinsalz ersetzt werden. Bitte dosieren Sie in diesem Fall jedoch zunächst vorsichtiger und würzen Sie, falls nötig, nach.

Naturtofu wird aus Sojadrink, dem als Gerinnungsmittel Magnesiumchlorid oder Kalziumsulfat zugesetzt wird, hergestellt. Er sollte, um richtig gut zu schmecken, für mindestens 3 bis 4 Stunden oder auch über Nacht mariniert werden.

Tofu lässt sich gut einfrieren und hat nach dem Auftauen eine etwas festere Konsistenz, sodass sich vorher eingefrorener Tofu besonders gut für Spieße eignet.

Peperoni (rote Chilischoten) sind die roten, schmalen Schoten der Gewürzpaprikapflanze. Wir empfinden sie als scharf, weil der Stoff Capsaicin im Mund einen Hitzereiz auslöst. Die Samen und Samenscheidewände enthalten besonders viel Capsaicin, weshalb sie bei der Zubereitung entfernt werden sollten. Peperoni können die Augen und Schleimhäute reizen. Deshalb bei der Verarbeitung entweder Haushaltshandschuhe tragen oder danach die Hände gründlich mit Seife waschen.

Polenta ist ein aus Maisgrieß und Wasser oder (pflanzlicher) Milch hergestellter Brei, der in der italienischen Küche sehr beliebt ist. Sie wird traditionell aus einfachem Maisgrieß hergestellt, was sehr aufwendig

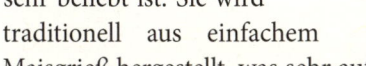

ist. Einfacher ist es, wenn man vorgegarte Instantpolenta verwendet. Diese muss lediglich in kochende Flüssigkeit eingerührt werden und danach etwas quellen. Die Polenta kann nach dem Ausquellen dünn auf ein Brett oder ein Backblech gestrichen werden, wodurch sie schnittfest wird. Vor dem Grillen sollte sie in Form geschnitten und beidseitig mit etwas Öl bestrichen werden.

Räuchertofu wird meist über Buchenholz geräuchert, was ihm einen würzigen Geschmack verleiht. Er sollte im Gegensatz zu Naturtofu nicht mit Wasser abgespült, sondern nur mit Küchenkrepp abgetupft werden.

Süßkartoffeln schmecken leicht süßlich. Sie sind trotz der Ähnlichkeit mit der Speisekartoffel nur entfernt mit dieser verwandt. Botanisch gehören sie zu den Windengewächsen und stammen ursprünglich aus Mittel- und Südamerika. Süßkartoffeln sollten vor der Verarbeitung geschält werden.

Teige von herzhaften oder süßen Backwaren sollten nach dem Kneten geschmeidig und glatt sein. Sind sie zu feucht geraten, sodass sie noch an den Fingern oder der Schüssel kleben, hilft es, noch etwas zusätzliches Mehl unterzukneten. Sind die Teige dagegen zu trocken geraten, sodass der Teig noch krümelig erscheint oder beim Ausrollen reißt, kann noch etwas Flüssigkeit untergemischt werden.

Hinweise zu den Rezepten

Die Vorbereitungen

Damit das Grillen wirklich zum Vergnügen wird, sollten Sie ein paar Dinge im Voraus beachten:

- Wenn Sie spontan den Grill anwerfen, werden Sie auf das zurückgreifen müssen, was der Kühlschrank und die Speisekammer hergeben. Soll Ihr Grillvergnügen zu einem bestimmten Zeitpunkt mit einer bestimmten Anzahl an Gästen stattfinden, empfiehlt es sich, frühzeitig zu planen. Dazu gehört es, in Ruhe die passenden Rezepte herauszusuchen und die benötigten Zutaten zeitnah zu besorgen.
- Überlegen Sie, ob Sie gewisse Vorbereitungen wie zum Beispiel das Kochen von Kartoffeln, Reis, Polenta, Bulgur oder Couscous bereits am Vortag erledigen können.
- Lesen Sie, wenn es ans Zubereiten der Speisen geht, noch einmal die betreffenden Rezepte durch, damit Sie sie dann Punkt für Punkt realisieren können. Stellen Sie alle Zutaten sowie Werkzeuge, die Sie zum Kochen benötigen, auf der Arbeitsfläche bereit.
- Planen Sie, vor allem wenn Sie Backwaren mit Hefeteigen oder zu marinierende Speisen zubereiten möchten, genügend Zeit ein. Beachten Sie auch die Ruhezeiten oder Quellzeiten von gewissen Speisen.
- Vieles lässt sich bereits am Vortag zubereiten, sodass am Grilltag selbst die Küche nicht mehr allzu sehr in Anspruch genommen wird und das Vergnügen schnell beginnen kann. Vor allem Burger oder andere Köstlichkeiten, die auf dem Grillrost nicht allzu oft gewendet werden sollten, können vorab in der Pfanne oder im Backofen gebraten werden und bekommen dann auf dem Grill das »gewisse Etwas«.
- Vergessen Sie nicht, dass Sie nicht nur die Speisen, sondern auch den Grill herrichten müssen.
- Legen Sie Ihre Lieblings-CD ein, stellen Sie ein leckeres Getränk bereit und machen Sie sich ans Schneiden, Kneten, Zusammenrühren und Aufspießen.

Die Mengenangaben

Soweit nicht anders angegeben, sind die Rezepte für **4 Personen** berechnet. Viele der Rezepte lassen sich leicht verdoppeln oder verdreifachen.

Esslöffel (EL) und Teelöffel (TL) sind beim Messen stets gestrichen gefüllt.

Für die Spieße sind in den Rezepten handelsübliche Holzspieße mit einer Länge von 20 Zentimetern vorgesehen.

Die Angaben zur Menge der verwendeten Gewürze, zu Knoblauch, Ingwer und Zwiebeln dürfen Sie als Richtwerte verstehen. Entscheiden Sie bitte im Einzelfall, was Ihnen schmeckt und bekommt und wie viel Sie davon verwenden möchten.

Die Zutaten

In den Rezepten werden verarbeitete Zutaten wie Blätterteig, Senf, Margarine, Chili- und Worcestersauce, Röstzwiebeln, gekörnte Gemüsebrühe, Weichweizengrieß, Marzipanrohmasse, Zartbitterschokolade sowie einige Gewürzmischungen verwendet.

Bitte beachten Sie, dass damit Produkte mit ausschließlich pflanzlichen Bestandteilen gemeint sind. Lesen Sie im Zweifelsfall die Zutatenliste oder wenden Sie sich an den Hersteller.

Pflanzliche Milch oder Sahne

In den Rezepten wird als rein pflanzlicher Ersatz für Kuhmilch vor allem Sojadrink, als Ersatz für Sahne Sojasahne empfohlen. Selbstverständlich steht es Ihnen frei, anstelle von Sojadrink oder Sojasahne ein anderes pflanzliches Produkt wie zum Beispiel Reisdrink, Haferdrink, Dinkeldrink, Mandeldrink beziehungsweise Hafersahne, Reissahne oder Dinkelsahne zu wählen. Bitte verwenden Sie das, was Ihnen am besten schmeckt und gut bekommt.

Zu den Gartemperaturen

Verbindliche Temperaturen für das Garen auf dem Grill anzugeben, ist nicht möglich. Zu sehr unterscheiden sich die gewählten Grillgeräte, die Kohlen oder die Einstellungen der Gasbrenner, die Abstände zwischen der Holzkohle und dem Rost. Für das Grillen von Gemüse und rein pflanzlichem Grillgut gilt es jedoch zu beachten, dass sie zum Garen deutlich weniger Hitze benötigen als Fleisch. Sie sollten den Rost also in der Regel nicht auf der untersten Stufe direkt über den Kohlen, sondern auf der mittleren oder oberen Stufe platzieren. So wird das Grillgut bei mittlerer Hitze gegart. Um die richtige Temperatur bei einem Holzkohlegrill zu ermitteln, kann man die von Grillprofis empfohlene »Handprobe« machen:

Dazu hält man die flache Hand etwa 12 Zentimeter (auf keinen Fall tiefer, weil sonst Verbrennungsgefahr besteht!) über die glühenden Kohlen. Dann zählt man die Sekunden, bis man die Hand wegziehen muss. Kann man die Hand 5 bis 6 Sekunden über den Kohlen belassen, ist in etwa eine mittlere Hitze erreicht. Bei hoher Hitze muss man die Hand schon nach 1 bis 2 Sekunden wegziehen.

Bei Gasgrills reicht meistens eine mittlere Temperatureinstellung aus.

Zu den Garzeiten

Wie lange eine Speise auf dem Grill benötigt, um verzehrbereit zu sein, hängt von mehreren unterschiedlichen Faktoren ab: unter anderem von der Wahl des Grillgerätes, von der Brennkraft der Kohlen, vom Zeitpunkt, wann das Grillgut auf den Grill gelegt wird, von der Wetterlage und auch von der Menge der zu grillenden Lebensmittel. Aus diesem Grund können für das Nachkochen der Rezepte ab Seite 44 auf Ihrem Grill und unter Ihren jeweiligen Grillbedingungen keine verbindlichen Garzeiten angegeben werden.

Als Grundregel gilt, dass Sie Gemüse oder Obst vom Grill nehmen können, wenn es außen leicht gebräunt und ein wenig knusprig ist, kaum noch Saft abgibt und auf Druck mit zum Beispiel der Grillzange oder dem Rücken einer Gabel leicht nachgibt.

Bei Brot und Gebäck sollte der Teig nicht mehr feucht und außen leicht gebräunt sein und sich beim Wenden nicht mehr »durchbiegen«.

Tofuscheiben, Burger und Bratlinge sind in der Regel gar, wenn die Oberfläche nicht mehr porös erscheint, sondern sich eine eher glatte Kruste gebildet hat. Um ganz sicher zu gehen, ob die auf dem Rost liegenden Speisen nun schon gut durchgegart sind oder noch ein wenig mehr Zeit benötigen, kann man auch eine kleine Garprobe nehmen.

Gemüse, das zum Beispiel wie Artischocken oder Maiskolben eine längere Garzeit benötigt, sowie gefüllte Gemüsespezialitäten, Brot und größere Gebäckstücke garen durch das Auflegen eines Deckels (entweder der Deckel des Grills oder ein großer Pfannendeckel) um etwa ein Drittel schneller. Damit die austretende Flüssigkeit verdampfen kann und das Grillgut noch schön knusprig wird, sollte der Deckel jedoch kurz vor dem Servieren abgenommen und das Grillgut (die gefüllten Gemüsespezialitäten ausgenommen!) noch einmal vorsichtig gewendet werden.

Bei den Grillpäckchen bestimmt nicht nur der Inhalt, sondern auch die Art der Umhüllung die benötigte Garzeit: Päckchen, bei denen vorgegarte Zutaten wie zum Beispiel gegarte Kartoffeln oder Spargel verwendet werden, sind in der Regel in gut 10 Minuten fertig. Auch Grillpäckchen mit Tomaten und gekochten Bohnen sind in weniger als 15 Minuten servierbereit. Bei den anderen »verhüllten« Grillspezialitäten muss man sich gut 15 Minuten und länger gedulden. Fein gewürfeltes Gemüse gart schneller als solches, dass nur grob zerkleinert wurde.

Bitte beachten Sie, dass auch die Umhüllung der Grillpäckchen einen Einfluss auf die Garzeiten hat. In Aluminiumfolie eingehülltes Grillgut ist meistens schneller gar als solches, das man in Blätter eingeschlagen hat. Damit die Blätter nicht wegbrennen, sollten sie nicht auf die unterste, sondern besser auf die mittlere Stufe des Rosts gelegt werden.

Wenn man nachschauen möchte, ob eine in Blätter gehüllte Speise schon gar ist, sollte man nicht die Zahnstocher entfernen und die Blätter aufklappen. Es kann sein, dass sich die einmal aufgeklappten Blätter nur schwer wieder zusammenfalten lassen. Besser ist es, auf der Blätteroberseite mit einem scharfen, spitzen Messer vorsichtig einen kleinen Schnitt vorzunehmen und mit einem Spieß etwas von der Füllung zu entnehmen. Sollte das Grillgut noch nicht gar sein, legt man das Grillpäckchen wieder auf den Rost und lässt es noch ein paar Minuten – ohne es zu wenden – weitergaren.

Rezepte

Gemüsezubereitungen
Jetzt treiben wir's bunt!

Einheitsfarbe war gestern: Vegan grillen heißt, nicht nur schmackhaft, sondern auch abwechslungsreich und bunt zu grillen. Mit lilafarbenen Auberginen, grünen Artischocken und Frühlingszwiebeln, roten Paprikaschoten und Tomaten, gelbem Zuckermais, hellbraunen Pilzen und Kartoffeln oder Kürbis in sattem Orange kommen leuchtende Farben auf den Teller. Das sieht so aus, wie's schmeckt – einfach gut!

Arabisch gefüllte Auberginen

1 Zwiebel
1 – 2 Knoblauchzehen
2 – 3 EL Olivenöl
2 große längliche Auberginen
1 große Tomate
6 getrocknete und entkernte Datteln
140 g Tomatenmark
5 EL (Vollkorn-)Semmelbrösel
4 EL fein gehackte glatte Petersilie
2 EL fein gehackte Minze
1 EL Rotweinessig
½ – 1 TL Harissa (siehe Seite 87)
3 – 4 MSP gemahlener Koriander
Meersalz

○ Die Zwiebel und den Knoblauch schälen, fein hacken und im heißen Öl anschwitzen.

○ Die Auberginen der Länge nach halbieren und das Fruchtfleisch herausschneiden, sodass ein etwa 1 Zentimeter breiter Rand bleibt.

○ Das Fruchtfleisch fein würfeln und zur Zwiebel und zum Knoblauch in die Pfanne geben. Kurz anschwitzen, dann die fein gewürfelte Tomate hinzufügen und so lange schmoren, bis das Gemüse bissfest gegart ist.

○ Die Datteln der Länge nach halbieren, dann in feine Scheiben schneiden.

○ Zusammen mit dem Tomatenmark, den Semmelbröseln, der Petersilie und Minze, dem Rotweinessig, Harissa und Koriander zur Auberginenzubereitung geben.

○ Alles nochmals 3 bis 4 Minuten schmoren, dann herzhaft mit Salz abschmecken.

○ Die Füllung auf die ausgehöhlten Auberginenhälften verteilen und glatt streichen.

○ Die Auberginen bei nicht allzu hoher Temperatur auf den Rost oder die Grillplatte setzen und langsam garen lassen. Ein Deckel verkürzt die Garzeit.

Artischocken auf italienische Art

4 nicht zu große Artischocken
etwas Zitronensaft oder Essig

Für die Marinade:
1 rote Zwiebel
1 Schalotte
2 – 3 Knoblauchzehen
5 EL Olivenöl
3 EL Rotweinessig
2 EL rote Balsamicocreme
1 TL Meersalz
200 ml abgekühlte Gemüsebrühe
2 – 3 EL fein gehacktes Basilikum
frisch gemahlener schwarzer Pfeffer

o Von den Artischocken die Stiele abschneiden und die harten Außenblätter großzügig entfernen. Mit einem scharfen Küchenmesser knapp das obere Drittel der Blätter abschneiden.
o Die Artischocken der Länge nach halbieren und das Heu (Samenfäden in der Mitte) entfernen.
o Die Artischocken sofort in mit Zitrone oder Essig gesäuertes Wasser geben, damit die Schnittstellen nicht braun anlaufen.
o Für die **Marinade** die Zwiebel, Schalotte und den Knoblauch schälen und sehr fein hacken.
o Mit den verbliebenen Zutaten verrühren und mit etwas Pfeffer würzen.
o Die Artischocken aus dem Zitronenwasser nehmen, gut abtropfen lassen und in die Marinade geben. Etwa 20 Minuten darin ziehen lassen, dabei gelegentlich wenden.
o Die Artischocken in die Grillschale oder auf die Grillplatte geben und unter mehrmaligem Wenden bissfest grillen. Dabei zum Ende der Grillzeit mit der verbliebenen Marinade überträufeln.
o Ein Deckel auf dem Grill verkürzt die Garzeit.

Auberginen und Tomaten in Teriyaki-Marinade

4 Knoblauchzehen
½ rote entkernte Peperoni
1 walnussgroßes Stück Ingwer
140 ml Sojasauce
60 ml Weißweinessig
2 TL Roh-Rohrzucker
4 EL Sesamöl
2 große Auberginen
2 Fleischtomaten

- Die geschälten Knoblauchzehen, Peperoni und den geschälten Ingwer grob zerkleinern und in ein hochwandiges Rührgefäß geben.
- Die Sojasauce, den Essig und Zucker hinzufügen und alles mit dem Pürierstab zu einer glatten Sauce pürieren. Das Öl unterrühren.
- Die Auberginen in Scheiben schneiden und in eine flache Schüssel geben. Die in Scheiben geschnittenen Tomaten darauf verteilen.
- Das Gemüse mit der Marinade übergießen und abgedeckt etwa 60 Minuten ziehen lassen.
- Die Auberginen- und Tomatenscheiben abtropfen lassen und auf dem Rost oder der Grillplatte von beiden Seiten grillen.
- Zum Ende der Grillzeit nochmals mit etwas Marinade bestreichen.

Tipp:
Reste der Marinade sind lecker als Sauce oder können mit Brot aufgetunkt werden.

Frühlingszwiebeln in Zitronen-Salbei-Marinade

Für die Zitronen-Salbei-Marinade:
3 – 4 große Salbeiblätter
Saft und Schale einer halben unbehandelten Zitrone
3 – 4 EL Olivenöl
2 EL weißer Balsamessig
2 – 3 EL Wasser
Meersalz
frisch gemahlener weißer Pfeffer

1 großes Bund Frühlingszwiebeln

- Für die **Zitronen-Salbei-Marinade** die Salbeiblätter in sehr feine Streifen schneiden und mit dem Rest der Zutaten verrühren.
- Kräftig mit Salz und Pfeffer würzen.
- Die geputzten Frühlingszwiebeln in eine flache Schüssel geben und mit der Marinade übergießen.
- Die Frühlingszwiebeln abgedeckt 20 Minuten ziehen lassen.
- Dann auf dem Rost, in der Grillschale oder auf der Grillplatte so lange grillen, bis sie leicht gebräunt sind.
- Dabei zum Ende der Grillzeit mit der verbliebenen Marinade überträufeln.

Gefüllte Champignons

1 mittelgroße Zwiebel
1 – 2 EL Rapsöl
500 g große Champignons
Meersalz
frisch gemahlener weißer Pfeffer
5 – 6 EL Sojasahne oder Hafersahne
5 EL gemahlene und blanchierte Mandeln
4 EL fein gehackte glatte Petersilie
2 EL Hefeflocken
1 TL mildes Paprikapulver
1 TL Weißweinessig
1 – 2 Spritzer vegane Worcestersauce

- Die Zwiebel schälen, fein hacken und im heißen Öl anschwitzen.
- Die Champignons mit feuchtem Küchenkrepp säubern. Die Stiele ausbrechen und anderweitig verwenden (zum Beispiel als Bestandteil eines bunten Salats).
- Das Innere der Champignons mit etwas Salz und Pfeffer würzen.
- Die Zwiebel mit der Sojasahne und den verbliebenen Zutaten verrühren. Mit etwas Salz und Pfeffer abschmecken.
- Die Füllung in die Champignons geben und glatt streichen.
- Die Champignons auf dem Rost, in der Grillschale oder auf der Grillplatte bei nicht allzu hoher Temperatur grillen, bis sie bissfest gegart sind.
- Ein Deckel auf dem Grill verkürzt die Garzeit.

Gefüllte Paprika

4 große rote Paprikaschoten

Für die Füllung:
6 mittelgroße Kartoffeln (etwa 700 g)
1 ¼ l Wasser
1 – 2 TL Meersalz
100 ml Sojasahne oder Hafersahne
5 EL Sonnenblumenkerne
4 EL Tomatenmark
4 EL Tomatenketchup
4 EL Röstzwiebeln
2 EL Sojasauce
2 EL fein gehackter Majoran
Meersalz
frisch gemahlener schwarzer Pfeffer

- Die Paprikaschoten der Länge nach halbieren und entkernen.
- Für die **Füllung** die Kartoffeln mit dem Wasser und Salz in etwa 20 Minuten als Pellkartoffeln garen. Das Kochwasser abgießen, die Kartoffeln pellen und mit einer Gabel oder einem Kartoffelstampfer zermusen.
- Die verbliebenen Zutaten hinzufügen und alles zu einer glatten Creme verrühren.
- Herzhaft mit Salz und Pfeffer abschmecken.
- Die Füllung auf die Paprikahälften verteilen und glatt streichen.
- Die Paprikahälften auf der Grillplatte oder in der Grillschale bei nicht allzu hoher Temperatur grillen, bis die Füllung heiß und die Paprika bissfest gegart ist.

Tipp:
Das Rezept für selbst gemachten Tomatenketchup finden Sie auf Seite 152.

Grüne Knoblauch-Peperoni

5 nicht zu dicke Frühlingszwiebeln
2 – 3 Knoblauchzehen (falls erwünscht, auch mehr)
4 – 5 EL Olivenöl
2 EL weißer Balsamessig
4 EL fein gehackte glatte Petersilie
200 g mild oder scharf eingelegte und abgetropfte grüne Peperoni
(etwa 18 Stück)
Meersalz

- Die Frühlingszwiebeln in feine Scheiben schneiden.
- Den Knoblauch schälen und sehr fein hacken.
- Mit dem Öl, Essig und der Petersilie verrühren.
- Die gut abgetropften Peperoni mit der Zwiebel-Knoblauch-Zubereitung vermischen.
- Kräftig mit Salz würzen und abgedeckt 15 Minuten ziehen lassen.
- Die angemachten Peperoni auf die heiße Grillplatte geben und so lange unter gelegentlichem Wenden grillen, bis sie heiß und leicht gebräunt sind.

Tipp:
Falls keine Grillplatte zur Verfügung steht, können die Knoblauch-Peperoni auch in eine kleine Auflaufform aus Edelstahl gegeben und auf den Rost gestellt werden.

Grüner Spargel mit zwei Marinaden

1 kg grüner Spargel

Für die Zitronen-Olivenöl-Marinade:
4 – 5 EL Olivenöl
2 – 3 EL frisch gepresster Zitronensaft
Meersalz
frisch gemahlener weißer Pfeffer

Für die italienische Marinade:
3 EL Olivenöl
3 EL Wasser
1 EL Tomatenmark
1 EL rote Balsamicocreme
1 durchgepresste Knoblauchzehe
Meersalz
frisch gemahlener schwarzer Pfeffer

- Den Spargel kurz abspülen und abtropfen lassen.
- Die Spargelenden großzügig abschneiden. Falls die Spargelenden etwas holzig sind, das untere Drittel mit einem Sparschäler schälen.
- Den Spargel in zwei Portionen teilen. Für die **Zitronen-Olivenöl-Marinade** das Öl mit dem Zitronensaft verrühren und die Marinade mit Salz und Pfeffer würzen. Die Hälfte des Spargels darin abgedeckt 15 Minuten ziehen lassen. Dabei den Spargel gelegentlich vorsichtig wenden.
- Für die **italienische Marinade** alle Zutaten miteinander verrühren und mit Salz und Pfeffer abschmecken. Den verbliebenen Spargel abgedeckt 15 Minuten darin ziehen lassen. Dabei gelegentlich wenden.
- Den marinierten Spargel auf zwei Grillschalen verteilen oder auf die Grillplatte legen und unter gelegentlichem Wenden bissfest grillen.
- Zum Ende der Grillzeit mit der verbliebenen Marinade beträufeln.

Tipp:
Die Spargelportionen sind reichlich bemessen, sodass sich mit etwas Brot oder einem Salat fast eine komplette Mahlzeit ergibt.

Kohlrabis vom Rost

2 mittelgroße Kohlrabis
5 – 6 EL Rapsöl
4 – 5 EL Apfelbalsamessig
2 EL Ahornsirup
Meersalz
frisch gemahlener weißer Pfeffer

o Die Kohlrabis schälen und in 3 bis 4 Millimeter dicke Scheiben schneiden.

o Aus Öl, Essig und Ahornsirup eine Marinade anrühren und herzhaft mit Salz und Pfeffer würzen.

o Die Kohlrabischeiben in eine flache Schüssel geben und mit der Marinade übergießen. Abgedeckt etwa 20 Minuten in der Marinade ziehen lassen, dabei die Kohlrabischeiben gelegentlich wenden.

o Die Kohlrabischeiben auf dem Rost, in der Grillschale oder auf der Grillplatte von beiden Seiten grillen, bis sie leicht gebräunt und bissfest gegart sind.

Kräuter-Zitronen-Kartoffeln

1 kg kleine, etwa gleich große Kartoffeln
1 – 2 TL Meersalz
1 ½ l Wasser
1 unbehandelte Zitrone
Olivenöl für die Form
5 große Blätter Salbei
2 – 3 kleine Zweige Rosmarin
4 – 5 EL Olivenöl
Meersalz
frisch gemahlener schwarzer Pfeffer

○ Die Kartoffeln unter fließendem Wasser abbürsten (nicht schälen!) und etwas abtropfen lassen. Mit dem Salz und dem Wasser in einen Topf geben und etwa 15 Minuten bissfest garen. Das Kochwasser abschütten und die Kartoffeln auf der Herdplatte kurz ausdampfen lassen.

○ Von der Zitrone die eine Hälfte pressen, die andere in dünne Spalten schneiden.

○ Die Kartoffeln in eine gut geölte Auflaufform aus Edelstahl oder eine gut geölte gusseiserne Pfanne geben. Die Zitronenspalten, Salbeiblätter und Rosmarinzweige zwischen den Kartoffeln verteilen.

○ Mit dem Zitronensaft und Olivenöl überträufeln.

○ Die Kartoffeln mit Salz und Pfeffer würzen und in der Form oder Pfanne auf den Rost geben.

○ Unter gelegentlichem Wenden so lange auf dem Rost belassen, bis die Kartoffeln schön gebräunt sind.

Kürbisspalten vom Grill

1 Hokkaidokürbis (etwa 1 kg)
70 – 80 ml Rapsöl
2 EL Ahornsirup
2 EL roter Balsamessig
2 TL mildes Currypulver
Meersalz
frisch gemahlene Chiliflocken

- Den Kürbis kurz abbrausen und trockentupfen.
- Den Kürbis halbieren und die Kerne und Samenstränge entfernen. Danach den Kürbis in Spalten schneiden.
- Das Öl mit dem Ahornsirup, Essig und Currypulver verrühren. Kräftig mit Salz und Chiliflocken würzen.
- Die Kürbisspalten beidseitig mit dem angemachten Öl bestreichen.
- Die Kürbisspalten auf dem Rost, auf der Grillplatte oder in der Grillschale unter mehrmaligem Wenden grillen, bis sie bissfest gegart und leicht gebräunt sind.
- Dabei zum Ende der Grillzeit mit der verbliebenen Marinade bestreichen.

Maiskolben mit Kräutercreme

Für die Kräutercreme:
125 g hochwertige Pflanzenmargarine
3 EL frisch gepresster Zitronensaft
3 – 4 MSP abgeriebene Zitronenschale
2 – 3 durchgepresste Knoblauchzehen
5 – 6 EL fein gehackte Gartenkräuter
    (zum Beispiel Petersilie, Schnittlauch, Thymian, Basilikum, Oregano)
Meersalz
frisch gemahlener weißer Pfeffer

4 frische Kolben Zuckermais

o Für die **Kräutercreme** die Margarine in einen Topf geben und zum
  Schmelzen bringen.
o Die weiteren Zutaten für die Creme unterrühren und herzhaft mit Salz
  und Pfeffer würzen.
o Den Mais von eventuell noch vorhandenen Blättern und Fäden befreien.
  Danach den Mais kurz abbrausen und gründlich trockentupfen.
o Den Mais rundherum mit der Kräutercreme bestreichen und auf den
  Rost, auf die Grillplatte oder in die Grillschale geben.
o Unter regelmäßigem Wenden bei nicht allzu hoher Temperatur grillen,
  dabei mit der verbliebenen Kräutercreme bestreichen.
o Vor dem Servieren, falls erwünscht, mit noch etwas Salz und Pfeffer
  nachwürzen.

Tipp:
Damit die Kräutercreme während des Grillens streichfähig bleibt, empfiehlt es sich,
sie in einem feuerfesten Töpfchen an den Rand des Grills zu stellen.

Marokkanisch gefüllte Tomaten

2 Frühlingszwiebeln
2 EL Olivenöl
200 ml Wasser
100 g Couscous
4 Fleischtomaten
Meersalz
frisch gemahlener schwarzer Pfeffer
10 grüne entkernte Oliven
4 EL Sonnenblumenkerne
4 EL Sojasahne oder Hafersahne
2 EL fein gehackte Minze
1 TL mildes Paprikapulver

- Die Frühlingszwiebeln in feine Scheiben schneiden und im heißen Öl im Topf anschwitzen.
- Das Wasser hinzufügen, zum Kochen bringen und den Couscous einrieseln lassen. Den Couscous 1 bis 2 Minuten unter Rühren kochen, den Topf vom Herd nehmen, den Deckel auflegen und den Couscous 10 Minuten ausquellen lassen.
- Von den Fleischtomaten die Deckel abschneiden. Das Fruchtfleisch auslöffeln (und für eine Suppe oder einen Smoothie verwenden). Das Tomateninnere mit etwas Salz und Pfeffer würzen.
- Die Oliven in feine Scheiben schneiden und zusammen mit den Sonnenblumenkernen, der Sojasahne, Minze und dem Paprikapulver zum Couscous geben.
- Die Couscouszubereitung herzhaft mit Salz und Pfeffer abschmecken und die Tomaten damit füllen. Dabei den Couscous mit Hilfe eines Löffels in die Tomaten drücken.
- Die Deckel der Tomaten auflegen und die Tomaten bei nicht allzu hoher Temperatur langsam in der Grillschale oder auf der Grillplatte grillen.
- Ein Deckel auf dem Grill verkürzt die Garzeit.

Mini-Romanasalat vom Grill

4 feste Köpfe Mini-Romanasalat (insgesamt etwa 500 g)

Für die Marinade:
Saft einer halben großen Zitrone
5 – 6 EL Olivenöl
2 – 3 EL Wasser
2 EL Hefeflocken
2 – 3 durchgepresste Knoblauchzehen
1 TL mittelscharfer Senf
1 TL süßer heller Senf
Meersalz
frisch gemahlener weißer Pfeffer

- Die Salatköpfe gründlich abbrausen und mit den Wurzelenden nach oben in einen Durchschlag geben. Gründlich abtropfen lassen, danach mit Küchenkrepp trockentupfen. Die braunen Wurzelansätze knapp abschneiden, jedoch nicht zu viel entfernen, damit die Salatköpfe nicht auseinanderfallen.
- Die Salatköpfe vorsichtig der Länge nach halbieren und das Innere ebenfalls mit Küchenkrepp trockentupfen.
- Für die **Marinade** alle Zutaten verrühren und herzhaft mit Salz und Pfeffer würzen.
- Die Innenflächen der Salatköpfe mit der Marinade bestreichen und auf den Rost, in die Grillschale oder auf die Grillplatte geben.
- Die äußere Schicht an Salatblättern ebenfalls mit der Marinade bestreichen.
- Sobald die Innenflächen schön gebräunt sind, die Salathälften wenden und auf den Außenseiten grillen.
- Den Salat noch ein- bis zweimal wenden, bis er weich geworden und heiß ist.
- Zum Ende der Grillzeit mit der verbliebenen Marinade bestreichen.

Würzige Süßkartoffelspalten

gut 1 kg Süßkartoffeln

Für die Marinade:
4 – 5 EL Olivenöl
4 EL Sojasauce
3 EL Rotweinessig
2 TL mildes Currypulver
3 – 4 MSP gemahlener Kreuzkümmel
frisch gemahlene Chiliflocken

- Die Süßkartoffeln schälen und in dünne Spalten schneiden.
- Öl, Sojasauce, Essig, Curry und Kreuzkümmel zu einer **Marinade** verrühren und mit Chiliflocken würzen.
- Die Süßkartoffelspalten zur Marinade geben, gut vermischen und abgedeckt 15 Minuten ziehen lassen.
- Die Süßkartoffelspalten in der Grillschale oder auf der Grillplatte unter mehrmaligem Wenden grillen, bis sie leicht knusprig sind.

Tipp:
Die leicht süßlich schmeckenden Süßkartoffeln können ähnlich wie normale Kartoffeln gegrillt werden. Durch die Marinade bekommen die orangefarbenen Knollen eine angenehme Würze. Ganz nach Geschmack können Sie mehr oder weniger Chiliflocken in die Marinade rühren. Oder Sie probieren einmal eine Marinade aus Olivenöl, Zitronensaft, Thymian, Rosmarin und etwas Salz. Auch das schmeckt ausgesprochen lecker!

Burger und Bratlinge
Rundherum Geschmack

Grillen ohne Burger ist wie ein Sommer ohne Sonne. Damit beim Grillvergnügen wirklich alles passt, sind die kleinen, knusprig gebratenen Köstlichkeiten aus Getreide, Kartoffeln, Gemüse, Hülsenfrüchten und Nüssen ein absolutes Muss. Und das Beste daran: Die herzhaften Burger und leckeren Bratlinge lassen sich prima am Vortag vorbereiten. So ist der ultimative Grillspaß garantiert!

Dinkel-Gemüse-Bratlinge

für 8 Dinkel-Gemüse-Bratlinge

175 g Dinkelkörner
500 ml kochend heißes Wasser zum Einweichen
500 ml Wasser zum Kochen
90 g geraspelter Kohlrabi
60 g geraspelte Karotte
3 EL Dinkelvollkornmehl
2 ½ EL Dinkelmehl (Type 630)
2 ½ EL (Vollkorn-)Semmelbrösel
1 ½ EL Tomatenmark
1 EL Weißweinessig
1 ½ TL Johannisbrotkernmehl
2 EL fein gehackte krause Petersilie
1 EL fein gehackter Schnittlauch
1 EL fein gehackter Dill
Meersalz
frisch gemahlener schwarzer Pfeffer
Rapsöl zum Bestreichen

○ Die Dinkelkörner kurz unter klarem Wasser abspülen. Dann in einen Topf geben, mit dem kochend heißen Wasser übergießen und 3 bis 4 Stunden darin quellen lassen.

○ Das Einweichwasser abgießen. Die Dinkelkörner mit dem frischen Wasser übergießen und zum Kochen bringen.

○ Die Temperatur reduzieren und die Dinkelkörner in gut 20 Minuten unter gelegentlichem Rühren weich köcheln lassen.

○ Die Dinkelkörner in einen Durchschlag geben, mit klarem Wasser abspülen und sehr gut abtropfen lassen.

○ Den Dinkel mit den restlichen Zutaten zu einem Teig vermischen. Mit Salz und Pfeffer abschmecken. Acht Bratlinge aus dem Teig formen.

○ Die Bratlinge von beiden Seiten mit Öl bestreichen und auf der gut geölten Grillplatte oder auf der Grillschale unter mehrmaligem vorsichtigen Wenden knusprig braun grillen.

Couscous-Rote-Linsen-Burger

für 12 – 14 kleine Couscous-Rote-Linsen-Burger (4 – 6 Portionen)

1 kleine Zwiebel
1 Knoblauchzehe
1 EL Erdnussöl oder Rapsöl
150 g rote Linsen
1 Lorbeerblatt
etwa 375 ml Wasser
200 g Couscous
5 EL Tomatenmark
5 EL fein gehackte glatte Petersilie
3 EL Sojasauce
1 EL Rotweinessig
2 TL mildes Currypulver
1 TL Johannisbrotkernmehl
3 MSP gemahlener Kreuzkümmel
3 MSP gemahlener Piment
3 MSP gemahlener Koriander
frisch gemahlene Chiliflocken
Erdnussöl oder Rapsöl zum Bestreichen

- Die Zwiebel und den Knoblauch schälen, fein hacken und im heißen Öl anschwitzen.
- Die Linsen, das Lorbeerblatt und Wasser hinzufügen und kurz zum Kochen bringen.
- Die Temperatur deutlich reduzieren und die Linsen etwa 12 Minuten köcheln lassen, bis sie anfangen zu zerfallen.
- Das Lorbeerblatt entfernen.
- Den Couscous einrühren und alles nochmals 3 bis 4 Minuten köcheln lassen. Den Topf vom Herd nehmen und die Couscous-Zubereitung 15 bis 20 Minuten etwas abkühlen lassen.
- Die verbliebenen Zutaten unterrühren und alles würzig mit Chiliflocken abschmecken.

○ Pro Burger jeweils 1 gut gehäuften Esslöffel Teig abstechen und mit den Händen zu Bällchen formen.

○ Die Bällchen zwischen den Handflächen etwas abflachen und von beiden Seiten mit reichlich Öl bestreichen.

○ Die Couscous-Rote-Linsen-Burger in der Grillschale oder auf der Grillplatte schön knusprig grillen.

Tipp:
Reste der Couscous-Rote-Linsen-Burger schmecken am nächsten Tag auch kalt vorzüglich.

Grünkern-Karotten-Bratlinge

für 8 Grünkern-Karotten-Bratlinge

1 Zwiebel
2 kleine Karotten
1 – 2 EL Rapsöl
200 g Grünkernschrot
300 ml Wasser oder abgekühlte Gemüsebrühe
4 EL (Vollkorn-)Semmelbrösel
2 – 3 EL fein gehackte krause Petersilie
1 EL fein gehackter Majoran
2 TL Johannisbrotkernmehl
2 TL mittelscharfer Senf
2 – 3 MSP gemahlene Muskatnuss
Meersalz
frisch gemahlener schwarzer Pfeffer
Rapsöl zum Bestreichen

○ Die Zwiebel schälen und fein hacken. Die Karotten schälen und raspeln.
○ Die Zwiebel kurz im heißen Öl anschwitzen. Die Karotten hinzufügen und so lange schmoren, bis das Karottengemüse weich ist.
○ Den Grünkernschrot einrieseln lassen und kurz mitbraten.
○ Mit dem Wasser oder der Gemüsebrühe ablöschen und die Grünkernmasse 1 bis 2 Minuten unter ständigem Rühren kochen.
○ Den Topf vom Herd nehmen, den Deckel auflegen und die Grünkernzubereitung etwa 30 Minuten ausquellen lassen.
○ Die verbliebenen Zutaten unterrühren und die Grünkernzubereitung herzhaft mit Salz und Pfeffer abschmecken.
○ Mit den Händen aus dem Teig acht Bratlinge formen und diese nochmals etwa 10 Minuten ruhen lassen.
○ Die Grünkern-Karotten-Bratlinge von beiden Seiten mit etwas Öl bestreichen und auf dem Rost oder auf der Grillplatte von beiden Seiten schön braun grillen.

Kartoffel-Karotten-Rösti

für 8 Kartoffel-Karotten-Rösti

1 kg festkochende Kartoffeln
2 Karotten
2 Knoblauchzehen
100 g Maismehl
55 g geröstetes Kichererbsenmehl
3 EL Hefeflocken
2 EL mittelscharfer Senf
4 EL fein gehackte krause Petersilie
2 EL fein gehackter Dill
2 TL mildes Paprikapulver
3 MSP geriebene Muskatnuss
Meersalz
frisch gemahlener schwarzer Pfeffer

○ Die Kartoffeln und Karotten schälen, danach grob raspeln. Zusammen mit den durchgepressten Knoblauchzehen in eine Schüssel geben.
○ Die verbliebenen Zutaten hinzufügen und alles zu einem Teig vermischen.
○ Die Kartoffelzubereitung herzhaft mit Salz und Pfeffer abschmecken.
○ Mit den Händen acht flache Rösti formen.
○ Die Rösti auf der sehr gut geölten Grillplatte oder auf der Grillschale von beiden Seiten goldbraun grillen.

Tipp:
Um die von der Konsistenz her eher weichen Kartoffel-Karotten-Rösti direkt auf den Rost zu geben, sollten sie vorher in der Pfanne gebraten sein, sodass man sie auf dem Grillrost lediglich aufwärmt und mit dem typischen Grillaroma versieht.

Kichererbsen-Bratlinge nach Falafel-Art

für 12 Kichererbsen-Bratlinge (4 – 6 Portionen)

300 g getrocknete Kichererbsen
1 l kochend heißes Wasser
1 Zwiebel
3 – 4 Knoblauchzehen
1 mittelgroße Tomate
1 Bund glatte Petersilie
5 EL Maismehl oder Weizenmehl (Type 1050)
2 TL Johannisbrotkernmehl
1 Päckchen Backnatron (5 g)
1 TL Backpulver
1 TL mildes Paprikapulver
½ TL scharfes Paprikapulver
½ TL gemahlener Kreuzkümmel
½ TL gemahlener Koriander
Meersalz
frisch gemahlener schwarzer Pfeffer
Olivenöl zum Bestreichen

- Die Kichererbsen in eine Schüssel geben, mit dem kochend heißen Wasser übergießen und abgedeckt mindestens 12 Stunden, gern auch 16 Stunden, quellen lassen.
- Die Kichererbsen in einen Durchschlag geben und gründlich mit klarem Wasser abspülen. Gut abtropfen lassen und in den Mixbehälter der Küchenmaschine geben.
- Die Zwiebel und Knoblauchzehen schälen und grob zerkleinern. Die Tomate grob würfeln. Die Zwiebel, Knoblauchzehen und Tomate mit den Kichererbsen vermischen.
- Das Kichererbsengemüse nun im Universalzerkleinerer, im Mixbehälter der Küchenmaschine oder mit einem leistungsstarken Pürierstab gründlich zerkleinern (falls nötig in mehreren Portionen).
- Die Petersilie kurz abbrausen, trockentupfen, fein hacken und mit dem pürierten Kichererbsengemüse vermischen.

- Die restlichen Zutaten unterrühren, sodass ein glatter Teig entsteht.
- Herzhaft mit Salz und Pfeffer abschmecken.
- Den Teig abgedeckt etwa 30 Minuten ruhen lassen.
- Mit einem Esslöffel Teig abstechen (pro Bratling etwa 2 Esslöffel Teig) und mit den Händen 12 Bratlinge formen.
- Die Bratlinge von allen Seiten sehr gründlich mit Öl bestreichen. Abgedeckt nochmals etwa 10 Minuten ruhen lassen.
- Die Kichererbsen-Bratlinge auf der sehr gut geölten Grillplatte oder auf die Grillschale bei nicht allzu hoher Temperatur schön braun und knusprig grillen, wobei sie noch deutlich aufgehen.
- Dabei nur zwei- bis dreimal vorsichtig wenden, am besten, wenn sich auf der Seite, die gerade auf der Grillplatte liegt, schon eine stabilisierende Kruste gebildet hat.

Tipp:
Falafel sind ein typisches Gericht des Nahen und Mittleren Ostens sowie der Länder Nordafrikas. Sie werden traditionell in viel Öl frittiert, können aber auch in der Pfanne beziehungsweise auf der Grillplatte zubereitet werden. Da Falafel von der Konsistenz her relativ weich sind, muss man darauf achten, dass sie beim Wenden nicht auseinanderbrechen, und das Wenden auf ein Minimum reduzieren. Wenn die Vorbereitungszeit für Ihr Grillvergnügen am Tag selbst sehr knapp ist, können Sie die Kichererbsen-Bratlinge am Vortag auch in der Pfanne braten und auf dem Grill nur noch einmal kurz erhitzen.

Linsen-Oliven-Burger

für 8 Linsen-Oliven-Burger

175 g grüne Linsen oder braune Tellerlinsen
600 ml kochend heißes Wasser
1 – 2 Knoblauchzehen
1 große rote Zwiebel
75 g schwarze entkernte Oliven
5 Majoranblättchen
60 g (Vollkorn-)Semmelbrösel
3 EL Tomatenmark
2 EL Sojasauce
1 EL Rotweinessig
2 TL Johannisbrotkernmehl
Meersalz
frisch gemahlener schwarzer Pfeffer
Olivenöl zum Bestreichen

- Die Linsen mit dem Wasser übergießen und etwa 8 Stunden oder auch über Nacht darin quellen lassen. Die Linsen in einen Durchschlag geben und mit klarem Wasser abspülen. Danach gut abtropfen lassen.
- Die Knoblauchzehen schälen und grob zerkleinern.
- Die Zwiebel schälen und halbieren. Die eine Hälfte grob zerkleinern, die andere fein hacken.
- Die Oliven halbieren.
- Die Linsen mit den Knoblauchzehen, der grob zerkleinerten Zwiebelhälfte, den Oliven und Majoranblättchen vermischen. Das Linsengemüse im Mixbehälter der Küchenmaschine oder mit einem Pürierstab gründlich zerkleinern (falls nötig, in mehreren Portionen).
- Die fein gehackte Zwiebelhälfte, die Semmelbrösel sowie die verbliebenen Zutaten unterrühren und alles herzhaft mit Salz und Pfeffer abschmecken.
- Mit den Händen aus dem Teig acht Burger formen und diese mit reichlich Öl bestreichen. Die Burger in der Grillschale oder auf der Grillplatte von beiden Seiten knusprig grillen.

68

Mexiko-Burger

für 8 Mexiko-Burger

1 Schalotte
1 Tomate
¼ – ½ rote entkernte Peperoni
1 – 2 geschälte Knoblauchzehen
200 g gekochte Kidneybohnen
4 EL Tomatenmark
2 EL Olivenöl
1 EL Rotweinessig
60 g (Vollkorn-)Semmelbrösel
60 g Maismehl
1 TL mildes Paprikapulver
3 MSP gemahlener Kreuzkümmel
3 MSP gemahlener Koriander
Meersalz
grüne Chilisauce
Olivenöl zum Bestreichen
3 – 4 EL Maismehl

o Die geschälte Schalotte, Tomate, Peperoni und den geschälten Knoblauch grob zerkleinern. Zusammen mit den Kidneybohnen in ein
  hochwandiges Rührgefäß geben. Das Tomatenmark, Öl und den Essig
  hinzufügen und alles mit dem Pürierstab gründlich pürieren.

o Die Semmelbrösel, das Maismehl, das Paprikapulver, den Kreuzkümmel und Koriander unterrühren, sodass ein glatter Teig entsteht. Herzhaft mit Salz und grüner Chilisauce abschmecken.

o Mit den Händen acht flache Burger aus dem Teig formen und diese
  60 Minuten abgedeckt im Kühlschrank ruhen lassen.

o Die Burger von beiden Seiten mit etwas Öl bestreichen. Im Maismehl
  wenden und das überschüssige Mehl abschütteln. Die Burger sollten
  nur mit einer dünnen Mehlschicht überzogen sein.

o Die Burger in der Grillschale oder auf dem Rost von beiden Seiten
  knusprig grillen.

Mediterrane Burger

für 8 mediterrane Burger

1 kleine Schalotte
1 kleine rote Zwiebel
1 Knoblauchzehe
2 – 3 EL Olivenöl
1 kleine Aubergine (etwa 300 g)
1 kleiner Zucchino (etwa 200 g)
1 kleine rote Paprikaschote
100 g zarte Haferflocken
4 EL (Vollkorn-)Semmelbrösel
5 EL Tomatenmark
1 TL Johannisbrotkernmehl
1 TL roter Balsamessig
1 TL fein gehackter Rosmarin
1 TL fein gehackter Thymian
1 TL fein gehackter Majoran
1 TL fein gehackter Oregano
½ TL mildes Paprikapulver
Meersalz
frisch gemahlener schwarzer Pfeffer
Olivenöl zum Bestreichen

- Die Schalotte, Zwiebel und Knoblauchzehe schälen, sehr fein hacken und im heißen Öl anschwitzen.
- Die Aubergine und den Zucchino der Länge nach in dünne Scheiben schneiden, danach sehr fein würfeln.
- Die Auberginen- und Zucchiniwürfel zum Zwiebelgemüse in die Pfanne geben und ebenfalls kurz anschwitzen.

- Die Paprika sehr fein würfeln, zum Gemüse in die Pfanne geben und alles so lange schmoren, bis das gesamte Gemüse weich ist.
- Das Gemüse in eine Schüssel umfüllen und etwas abkühlen lassen.
- Die verbliebenen Zutaten unterrühren, herzhaft mit Salz und Pfeffer abschmecken. Abgedeckt etwa 10 Minuten quellen lassen.
- Mit den Händen aus dem Teig acht Burger formen und von beiden Seiten mit Öl bestreichen.
- Die Burger auf dem Rost oder auf der Grillplatte schön braun und knusprig grillen, dabei nach Möglichkeit nur zweimal wenden.

Pilz-Pekannuss-Burger

für 4 große oder 8 kleine Pilz-Pekannuss-Burger

1 Zwiebel
1 – 2 Knoblauchzehen
2 – 3 EL Olivenöl
600 g Champignons
3 EL Sojasauce
150 g Pekannusskerne
2 EL Tomatenmark
1 EL fein gehackter Thymian
60 g (Vollkorn-)Semmelbrösel
Meersalz
frisch gemahlener schwarzer Pfeffer
Olivenöl zum Bestreichen

- Die Zwiebel und den Knoblauch schälen, grob hacken und im heißen Öl anschwitzen.
- Die Champignons mit feuchtem Küchenkrepp säubern und in Scheiben schneiden. Zur Zwiebel und zum Knoblauch in die Pfanne geben.
- Pilze kurz anbraten, dann die Temperatur reduzieren, die Sojasauce hinzufügen und die Champignons unter gelegentlichem Rühren so lange schmoren, bis sie weich sind und das meiste der Kochflüssigkeit verkocht ist.
- In der Zwischenzeit die Pekannusskerne in einer zweiten Pfanne trocken anrösten, bis sie duften. Kurz abkühlen lassen, dann sehr fein hacken und in eine Schüssel geben.
- Die geschmorten Champignons im Mixbehälter der Küchenmaschine oder mit dem Pürierstab zu einer glatten Creme verarbeiten.
- Die Pilzcreme zu den Pekannusskernen in die Schüssel geben und mit dem Tomatenmark und Thymian vermischen.
- Die Semmelbrösel unterziehen und die Pilzzubereitung herzhaft mit Salz und Pfeffer abschmecken.
- Mit den Händen vier große oder acht kleine Burger formen und diese von beiden Seiten mit reichlich Öl bestreichen.

o Die Pilz-Pekannuss-Burger auf dem Rost oder auf der Grillplatte von beiden Seiten grillen, bis sie schön gebräunt sind. Dabei nach Möglichkeit nur zweimal wenden.

Tipp:
Falls keine Pekannusskerne zur Hand sind, können Sie auch Walnusskerne verwenden.

Rote-Bete-Bananen-Burger

für 8 Rote-Bete-Bananen-Burger

1 Zwiebel
1 EL Rapsöl
250 g gekochte Rote Bete
1 Banane
150 g Dinkelflocken oder grobe Haferflocken
5 EL (Vollkorn-)Semmelbrösel
5 EL Weichweizengrieß
4 EL geschälte Sesamsamen
3 – 4 EL fein gehackte glatte Petersilie
2 – 3 MSP gemahlener Piment
2 – 3 MSP gemahlener Kreuzkümmel
2 – 3 MSP gemahlener Koriander
Meersalz
frisch gemahlene Chiliflocken
Rapsöl zum Bestreichen

- Die Zwiebel schälen, fein hacken und im heißen Öl anschwitzen.
- Die Rote Bete raspeln.
- Die Banane schälen und mit den Zinken einer Gabel zermusen.
- Die Zwiebel, Rote Bete und Banane in eine Schüssel geben.
- Die Dinkelflocken und die restlichen Zutaten unterrühren. Herzhaft mit Salz und Chiliflocken abschmecken.
- Die Teigmasse abgedeckt etwa 15 Minuten quellen lassen.
- Mit den Händen acht Burger aus dem Teig formen und die Burger von beiden Seiten mit Öl bepinseln.
- Die Rote-Bete-Bananen-Burger auf dem Rost, in der Grillschale oder auf der Grillplatte von beiden Seiten schön knusprig grillen, dabei zwei- bis dreimal vorsichtig wenden.

Zucchini-Mandel-Bratlinge

für 4 große oder 8 kleine Zucchini-Mandel-Bratlinge

1 Schalotte
1 – 2 Knoblauchzehen
120 g Mandeln
300 g geraspelte Zucchini
100 g geröstetes Kichererbsenmehl
50 g Semmelbrösel
4 EL Sojasahne oder Hafersahne
2 EL Olivenöl
1 EL mittelscharfer Senf
1 EL weißer Balsamessig
3 – 4 EL fein gehackter Bärlauch oder glatte Petersilie
Meersalz
frisch gemahlener weißer Pfeffer
Olivenöl zum Bestreichen

o Die Schalotte und die Knoblauchzehen schälen, dann grob zerkleinern. Zusammen mit den Mandeln im Mixbehälter der Küchenmaschine oder mit dem Pürierstab mittelfein zerkleinern.
o Mit den Zucchini und den verbliebenen Zutaten zu einem glatten Teig verrühren.
o Herzhaft mit Salz und Pfeffer abschmecken.
o Mit den Händen aus dem Teig vier große oder acht kleine Bratlinge formen und von beiden Seiten mit reichlich Öl bestreichen.
o Die Bratlinge auf der gut geölten Grillplatte von beiden Seiten knusprig braten.

Tipp:
Diese delikaten Bratlinge garen am besten auf einer glatten Oberfläche wie zum Beispiel auf einer Grillplatte. Wenn Sie die Bratlinge in der Grillschale oder direkt auf dem Rost grillen möchten, empfiehlt es sich, sie vorher in der Pfanne zu garen und auf dem Grill lediglich noch einmal aufzuwärmen.

Gemüse- und Obstspieße
In Reih und Glied

So werden Sie zum perfekten »Spießer«: Nehmen Sie Ihr Lieblingskochmesser, schneiden Sie Gemüse, Obst, Kartoffeln, Brot und Tofu in mundgerechte Würfel. Verteilen Sie dann alles bunt gemischt auf Spieße. Ordentlich mit Marinade getränkt, legen Sie die Spieße in Reih und Glied auf den Grill. Nur wenige Minuten später können Sie die heißen Leckerbissen genießen – wetten, dass jetzt alle »Spießer« werden wollen?

Ananas-Zucchini-Spieße

für 4 Ananas-Zucchini-Spieße

1 mittelgroßer Zucchino
2 sehr frische Frühlingszwiebeln
16 gleich große Stücke einer frischen Ananas (etwa 250 g)
4 Holzspieße

Für die Marinade:
Saft und Schale einer halben unbehandelten Limette
3 – 4 EL Erdnussöl oder Rapsöl
1 EL fein gehackter Zitronenthymian
Meersalz
frisch gemahlener weißer Pfeffer

○ Den Zucchino in 12 etwa gleich große Scheiben schneiden.
○ Das frische Grün der Frühlingszwiebeln in etwa 2 Zentimeter lange Stücke schneiden. Die Zwiebeln selbst anderweitig verwenden (siehe Tipp).
○ Die Ananasstücke, Zucchinischeiben und die Stücke des Frühlingszwiebelgrüns auf die Spieße verteilen. Das Frühlingszwiebelgrün dabei in Querrichtung aufspießen.
○ Für die **Marinade** alle Zutaten miteinander verrühren und kräftig mit Salz und Pfeffer würzen.
○ Die Ananas-Zucchini-Spieße von allen Seiten mit der Marinade bestreichen und abgedeckt etwa 15 Minuten ziehen lassen.
○ Die Spieße auf den Rost, auf die Grillplatte oder in die Grillschale geben. Unter mehrmaligem Wenden so lange grillen, bis die Spieße bissfest gegart sind.

Tipp:
Wenden Sie die übrig gebliebenen Frühlingszwiebeln in der verbliebenen Marinade und geben Sie sie danach ebenfalls auf den Grill.
Die Mengen für diese nicht nur schmackhaften, sondern auch hübsch in Grüngelb gehaltenen Spieße lassen sich mühelos vervielfachen.

Balsam-Curry-Chicorée am Spieß

für 4 Chicorée am Spieß

4 kleine feste Chicorée (insgesamt etwa 500 g)
4 Holzspieße

Für die Balsam-Curry-Marinade:
1 kirschgroßes Stück Ingwer
2 – 3 EL Rapsöl
2 EL Apfelbalsamessig
1 EL Ahornsirup
2 TL süßer heller Senf
1 ½ – 2 TL mildes Currypulver
Meersalz
frisch gemahlener weißer Pfeffer

- Die Chicorée kurz abbrausen und trockentupfen. Die braunen Wurzelenden hauchdünn abschneiden. Dabei darauf achten, dass die Chicorée nicht auseinanderfallen.
- Die Chicorée vorsichtig der Länge nach halbieren und jeweils zwei Chicoréehälften in Querrichtung auf einen Spieß geben.
- Für die **Balsam-Curry-Marinade** den Ingwer schälen und durch eine Knoblauchpresse drücken. Mit den restlichen Zutaten verrühren und herzhaft mit Salz und ein wenig Pfeffer würzen.
- Die Chicorée von beiden Seiten mit der Marinade bestreichen und auf den Rost, in die Grillschale oder auf die Grillplatte geben.
- Unter drei- bis viermaligem behutsamen Wenden so lange grillen, bis die Chicorée schön gebräunt und bissfest gegart sind.
- Zum Ende der Garzeit mit der verbliebenen Marinade bestreichen.

Tipp:
Wenn Ihnen die beiden Chicoréehälften auf einem Spieß zu »wackelig« erscheinen, können Sie jeweils auch zwei Spieße verwenden, mit denen Sie die beiden Chicoréehälften nahe des rechten und linken Endes aufspießen.

Birnen-Brokkoli-Spieße

für 8 Birnen-Brokkoli-Spieße

2 große Birnen
2 Zitronen
etwa 450 g geputzte Brokkoliröschen
16 große Blätter Salbei
8 Holzspieße

Für die Marinade:
4 – 5 EL Rapsöl
4 EL Apfelbalsamessig
2 EL Ahornsirup
Meersalz
frisch gemahlener weißer Pfeffer

○ Die Birnen vierteln, entkernen und in mundgerechte Stücke schneiden.
○ Die Zitronen jeweils vierteln, dann achteln, sodass insgesamt 16 Zitronenspalten zur Verfügung stehen.
○ Das Obst und Gemüse auf die Spieße verteilen. Dabei auf jeden Spieß zwei Zitronenspalten und zwei Blätter Salbei geben.
○ Für die **Marinade** alle Zutaten verrühren und die Marinade herzhaft mit Salz und Pfeffer würzen.
○ Die Spieße von allen Seiten mit der Marinade bestreichen und abgedeckt etwa 15 Minuten ziehen lassen.
○ Danach die Spieße in der Grillschale oder auf der Grillplatte bissfest grillen.

Tipp:
Damit die Birnenstücke auf dem Grill nicht zerfallen, bevor die Brokkoliröschen bissfest gegart sind, empfiehlt es sich, nicht zu reife Birnen zu verwenden oder den Brokkoli vorher kurz zu blanchieren.

Frische Kartoffel-Limetten-Spieße

für 4 Kartoffel-Limetten-Spieße

12 etwa gleich große Kartoffeln (insgesamt 900 – 1000 g)
1 – 2 TL Meersalz
1 ½ l Wasser
4 große Knoblauchzehen
1 unbehandelte Limette
4 Holzspieße

Für die Marinade:
½ rote entkernte Peperoni
5 – 6 EL Olivenöl
3 – 4 EL frisch gepresster Limettensaft
2 EL fein gehackte Zitronenmelisse
Meersalz

○ Die Kartoffeln unter klarem Wasser abbürsten, nicht schälen.
○ Mit dem Salz und Wasser in einen Topf geben und etwa 20 Minuten bissfest garen.
○ Das Kochwasser abgießen, die Kartoffeln auf der Herdplatte etwas ausdampfen, danach abkühlen lassen.
○ Die Knoblauchzehen schälen.
○ Die Limette der Länge nach halbieren, danach in acht Spalten schneiden.
○ Auf jeden Spieß abwechselnd drei Kartoffeln, zwei Limettenspalten und eine Knoblauchzehe stecken.
○ Für die **Marinade** die Peperoni sehr fein hacken und mit den restlichen Zutaten verrühren.
○ Herzhaft mit Salz würzen.
○ Die Kartoffel-Limetten-Spieße von allen Seiten mit der Marinade bestreichen und abgedeckt etwa 15 Minuten ziehen lassen.
○ Die Kartoffel-Limetten-Spieße auf dem Rost, in der Grillschale oder auf der Grillplatte so lange grillen, bis die Kartoffeln schön gebräunt sind.
○ Zum Ende der Grillzeit mit der verbliebenen Marinade bestreichen.

Orientalische Auberginenspieße

für 4 orientalische Auberginenspieße

1 kleine Aubergine
8 Mini-Romatomaten oder Mini-Strauchtomaten
8 getrocknete und entkernte Datteln
4 Holzspieße

Für die Marinade:
Saft und Schale einer halben unbehandelten Zitrone
3 EL Olivenöl
2 EL Tomatenmark
1 TL Ahornsirup
½ TL Harissa (siehe Seite 87)
Meersalz

○ Die Aubergine der Länge nach halbieren, dann vierteln und in mundgerechte Würfel schneiden.
○ Die Auberginenwürfel mit den Tomaten und Datteln auf die Spieße verteilen.
○ Für die **Marinade** alle Zutaten verrühren und mit reichlich Salz würzen.
○ Die Spieße von allen Seiten mit der Marinade bestreichen und abgedeckt etwa 15 Minuten ziehen lassen.
○ Die Auberginenspieße auf dem Rost, der Grillplatte oder in der Grillschale bei nicht allzu hoher Temperatur von allen Seiten grillen, bis die Auberginenwürfel leicht gebräunt und bissfest gegart sind.

Tipp:
Falls nicht alle Auberginenwürfel auf die Spieße passen, wenden Sie die übrig gebliebenen Würfel in der verbliebenen Marinade und garen Sie diese in der Grillschale oder auf der Grillplatte mit.

Grünkern-Cevapcici am Spieß

für 8 Grünkern-Cevapcici-Spieße

1 kleine rote Zwiebel
1 – 2 Knoblauchzehen
1 rote Paprikaschote
200 g Grünkernschrot
200 ml Wasser oder abgekühlte Gemüsebrühe
4 EL Couscous
4 EL fein gehackte glatte Petersilie
3 EL Tomatenmark
1 EL Rotweinessig
2 TL Johannisbrotkernmehl
2 TL mildes Paprikapulver
1 TL scharfes Paprikapulver
1 TL scharfes Ajvar oder Harissa (siehe Seite 87)
Meersalz
8 Holzspieße
Olivenöl zum Bestreichen

- Die Zwiebel und Knoblauchzehen schälen und grob zerkleinern.
- Die Paprika vierteln, entkernen und ebenfalls grob zerkleinern.
- Die Zwiebel, Knoblauchzehen und Paprika im Universalzerkleinerer oder Mixbehälter der Küchenmaschine sehr fein zerkleinern.
- Den Grünkernschrot in einen Topf geben und kurz unter Rühren anrösten, bis er duftet. Mit dem Wasser oder der Gemüsebrühe ablöschen.
- Das pürierte Paprikagemüse hinzufügen und alles unter Rühren zum Kochen bringen. 1 bis 2 Minuten kochen, dann den Topf vom Herd nehmen und die Grünkernzubereitung mit aufgelegtem Deckel etwa 30 Minuten ausquellen lassen.
- Die restlichen Zutaten unterrühren, sodass ein glatter Teig entsteht. Herzhaft mit Salz abschmecken.

○ Mit einem Esslöffel portionsweise Teig abstechen und mit den Händen zu kleinen Röllchen ausformen. Pro Röllchen etwa 1 gehäuften Esslöffel Teig verwenden, sodass insgesamt 16 Grünkern-Cevapcici entstehen.

○ Die Holzspieße sehr gut einölen. Auf jeden Spieß zwei Grünkern-Cevapcici stecken und diese vorsichtig andrücken.

○ Die Grünkern-Cevapcici von allen Seiten mit reichlich Öl bestreichen und auf dem sehr gut geölten Rost oder in der sehr gut geölten Grillschale schön braun und knusprig grillen.

○ Dabei drei- bis viermal vorsichtig wenden und, falls notwendig (weil die Cevapcici noch am Rost oder an der Grillschale kleben), mit etwas zusätzlichem Öl bestreichen.

Tipp:
Ajvar ist ein für die südosteuropäische Küche typisches Mus, das aus gerösteten Paprikaschoten und Auberginen, Zwiebeln, Knoblauch und Olivenöl besteht. Es wird entweder mild oder scharf zubereitet und gern zu Gegrilltem serviert.
Falls Sie kein Ajvar vorrätig haben, können Sie auch 1 zusätzlichen Teelöffel Tomatenmark untermischen und mit scharfem Paprikapulver nachwürzen.

Kartoffel-Paprika-Spieße

für 4 Kartoffel-Paprika-Spieße

12 mittelgroße Kartoffeln (insgesamt 900 – 1000 g)
1 – 2 TL Meersalz
1 ½ l Wasser
1 große rote Paprikaschote
1 kleine Zwiebel
4 große Knoblauchzehen
4 Holzspieße

Für die Marinade:
4 – 5 EL Olivenöl
2 EL Sojasauce
1 EL Rotweinessig
Meersalz
frisch gemahlener schwarzer Pfeffer

o Die Kartoffeln unter klarem Wasser abbürsten, nicht schälen.
o Mit dem Salz und Wasser in einen Topf geben und etwa 20 Minuten bissfest garen.
o Das Kochwasser abgießen, die Kartoffeln auf der Herdplatte etwas ausdampfen, danach abkühlen lassen.
o Die Paprika in mundgerechte Stücke schneiden.
o Die Zwiebel schälen, halbieren, danach jede Hälfte in drei Spalten schneiden. Die einzelnen Zwiebelschichten vorsichtig voneinander lösen.
o Die Knoblauchzehen schälen.
o Die Kartoffeln, Paprikastücke und Zwiebelschichten abwechselnd auf die Spieße geben.
o Auf jeden Spieß zusätzlich eine Knoblauchzehe stecken.

- Für die **Marinade** alle Zutaten miteinander verrühren und mit reichlich Salz und Pfeffer würzen.
- Die Kartoffel-Paprika-Spieße von allen Seiten mit der Marinade bestreichen und abgedeckt etwa 15 Minuten ziehen lassen.
- Die Spieße in der Grillschale oder auf der Grillplatte von allen Seiten schön braun grillen.
- Zum Servieren, falls erwünscht, mit noch etwas Salz und Pfeffer nachwürzen.

Tipp:
Die Kartoffeln können bereits am Vortag gekocht werden.

Paprika-Brokkoli-Spieße

für 4 Paprika-Brokkoli-Spieße

6 Mini-Paprikaschoten (200 g)
1 kleine rote Zwiebel
etwa 250 g geputzte Brokkoliröschen
4 Holzspieße

Für die Marinade:
1 Knoblauchzehe
1 haselnussgroßes Stück Ingwer
⅓ rote entkernte Peperoni
4 – 5 EL Olivenöl
1 EL Weißweinessig
Meersalz

- Die Stielansätze der Paprikaschoten mit einem scharfen Messer herausschneiden und die Paprika von oben entkernen. Danach die Paprika in der Mitte durchschneiden.
- Die Zwiebel schälen und vierteln. Die einzelnen Zwiebelschichten voneinander lösen.
- Die Paprikahälften, Brokkoliröschen und Zwiebelschichten auf die Spieße verteilen.
- Für die **Marinade** die geschälte Knoblauchzehe, den geschälten Ingwer und die Peperoni sehr fein hacken.
- Mit dem Öl und Essig verrühren und mit reichlich Salz würzen.
- Die Spieße von allen Seiten mit der Marinade bestreichen und abgedeckt etwa 15 Minuten ziehen lassen.
- Die Spieße in der Grillschale oder auf der Grillplatte bissfest grillen. Dabei zum Ende der Grillzeit mit der verbliebenen Marinade bestreichen.

Tipp:
Die Zutaten für dieses Rezept lassen sich leicht verdoppeln oder verdreifachen.

Pilz-Bananen-Spieße mit Harissa

für 4 Pilz-Bananen-Spieße

16 kleine Champignons (etwa 200 g)
2 Bananen
1 rote Paprikaschote
4 Holzspieße

Für die Marinade:
3 – 4 EL Olivenöl
1 – 2 TL Harissa
2 EL Weißweinessig oder frisch gepresster Zitronensaft
Meersalz

- Die Champignons vorsichtig mit feuchtem Küchenkrepp reinigen und die Stiele einkürzen.
- Die Bananen schälen und in etwa 2 Zentimeter breite Scheiben schneiden.
- Die Paprika mundgerecht würfeln.
- Die Bananenscheiben, Champignons und Paprikastücke abwechselnd auf die Spieße stecken.
- Für die **Marinade** alle Zutaten miteinander verrühren und mit Salz würzen.
- Die Pilz-Bananen-Spieße von allen Seiten mit der Marinade bestreichen und abgedeckt etwa 15 Minuten ziehen lassen.
- Danach in der Grillschale oder auf der Grillplatte bissfest grillen.

Tipp:
Harissa ist eine aus frischen Chilischoten, Kreuzkümmel, Koriandersamen, Knoblauch, Salz und Olivenöl bestehende scharfe Gewürzpaste, die in der nordafrikanischen Küche vielfach Verwendung findet. Wenn Sie Scharfes nicht so gern mögen, reduzieren Sie die im Rezept angegebene Menge nach Belieben und ersetzen Sie den weggelassenen Teil durch Tomatenmark.
Harissa finden Sie in Tuben oder Dosen im internationalen Sortiment Ihres Supermarktes oder in türkischen oder afrikanischen Lebensmittelgeschäften.

Pizza-Polenta am Spieß

für 16 kleine Pizza-Polenta-Spieße

2 kleine Frühlingszwiebeln
1 – 2 Knoblauchzehen
1 – 2 EL Olivenöl
250 ml Sojadrink oder Reisdrink
1 knapper, gestrichener TL Meersalz
150 g Polenta
1 ½ EL getrocknete Pizzakräuter
1 EL weißer Balsamessig
4 getrocknete Tomaten in Öl
frisch gemahlener schwarzer Pfeffer
2 – 3 EL Polenta zum Wälzen
16 Zahnstocher

- Die Frühlingszwiebeln in feine Scheiben schneiden.
- Den Knoblauch sehr fein hacken.
- Die Frühlingszwiebeln und den Knoblauch im heißen Öl anschwitzen.
- Den Sojadrink und das Salz hinzufügen und unter gelegentlichem Rühren zum Kochen bringen.
- Die Polenta einrieseln lassen und unter Rühren 2 bis 3 Minuten kochen.
- Den Topf vom Herd nehmen und die Pizzakräuter sowie den Essig unterrühren.
- Die Tomaten sehr fein würfeln und ebenfalls unterrühren.
- Die Polenta mit etwas Pfeffer würzen und mit aufgelegtem Deckel etwa 30 Minuten quellen (und deutlich abkühlen) lassen.
- Von der Polentazubereitung mit einem Esslöffel portionsweise Teig abstechen und zu 16 Kugeln ausformen. Pro Kugel etwa 1 Esslöffel Teig verwenden.
- Den Polentagrieß auf einen flachen Teller geben und die Polentakugeln darin wälzen.
- Danach nochmals etwa 10 Minuten ruhen lassen.
- Die Kugeln auf die Zahnstocher stecken. Dabei etwas andrücken, sodass die Polentamasse etwas länglicher und flacher wird.

o Die Pizza-Polenta-Spieße auf der gut geölten Grillplatte oder in der gut geölten Grillschale unter mehrmaligem vorsichtigen Wenden so lange grillen, bis sie von allen Seiten schön knusprig sind.

Tipp:
Die Pizza-Polenta-Kugeln kann man, bis auf die letzten Arbeitsschritte, gut vorab zubereiten, sodass sie ideal für ein größeres und zeitlich aufwendigeres Grillvergnügen sind, bei dem mehrere verschiedene Speisen nacheinander serviert werden sollen. Bereiten Sie für diesen Zweck die Polenta nach dem Rezept zu und formen Sie 16 Kugeln aus. Die Kugeln halten sich mit Frischhaltefolie abgedeckt im Kühlschrank mindestens einen Tag. Legen Sie, wenn es dann ans Grillen geht, die Zahnstocher für etwa 15 Minuten in ein Schälchen mit Wasser. Nehmen Sie in der Zwischenzeit die Kugeln aus dem Kühlschrank und wälzen Sie sie im Polentagrieß. Nehmen Sie die Zahnstocher aus dem Wasser und schütteln Sie sie ein wenig ab. Spießen Sie nun die Polentakugeln auf die Zahnstocher und drücken Sie sie vorsichtig etwas an. Nun können die Polenta-Spieße wie im Rezept beschrieben auf den Grill gegeben werden.

Provenzalische Spieße

für 8 provenzalische Spieße

2 – 2 ½ längliche Zucchini (insgesamt gut 300 g)
1 große grüne Paprikaschote
1 große gelbe Paprikaschote
16 Mini-Romatomaten
16 schwarze entkernte Oliven
8 Knoblauchzehen
8 Holzspieße

Für die Marinade:
Saft einer halben kleinen Zitrone
5 – 6 EL Olivenöl
1 TL getrocknete Kräuter der Provence
Meersalz
frisch gemahlener schwarzer Pfeffer

- Die Zucchini in dicke Scheiben (etwa 1 Zentimeter) schneiden.
- Die Paprika vierteln und entkernen. Jedes Viertel in vier Stücke schneiden.
- Das Gemüse und die Oliven auf die Spieße verteilen, dabei jeweils mit einer geschälten Knoblauchzehe abschließen.
- Für die **Marinade** alle Zutaten miteinander verrühren und mit Salz und Pfeffer würzen.
- Die Spieße von allen Seiten mit der Marinade bestreichen.
- Die Spieße abgedeckt etwa 15 Minuten ziehen lassen. Dann in der Grillschale oder auf der Grillplatte bissfest grillen.
- Zum Ende der Grillzeit mit der verbliebenen Marinade bestreichen.

Scharfe Zucchini am Spieß

für 8 Zucchinispieße

2 große Zucchini
16 große geschälte Knoblauchzehen
8 Holzspieße

Für die Marinade:
4 EL glatte Erdnusscreme
½ – 1 rote entkernte Peperoni
Saft einer halben Zitrone
4 – 5 EL Sesamöl
Meersalz

○ Von den Zucchini die Enden glatt abschneiden. Die Zucchini der Länge nach halbieren, dann vierteln, sodass insgesamt acht lange Zucchiniviertel entstehen.
○ Zum Zusammensetzen der Spieße zuerst jeweils eine Knoblauchzehe auf den Spieß geben. Dann ein Zucchiniviertel der Länge nach aufspießen und mit einer weiteren Knoblauchzehe abschließen.
○ Für die **Marinade** die Erdnusscreme in einem kleinen Topf erwärmen, damit sie weich wird.
○ Die Peperoni sehr fein hacken und mit dem Zitronensaft und Sesamöl zur Erdnusscreme geben. Mit Salz abschmecken.
○ Die Zucchiniviertel von allen Seiten mit der Marinade bestreichen und auf dem Rost, in der Grillschale oder auf der Grillplatte grillen.
○ Dabei mehrmals wenden und zum Ende der Grillzeit mit der verbliebenen Marinade bestreichen.

Tipp:
Der Knoblauch dient dazu, die Spieße mit einem feinen Knoblaucharoma zu versehen. Ausgesprochene Knobi-Fans dürfen den Knoblauch natürlich zusammen mit den Zucchini genießen.

Würzige Baguettespieße

für 4 Baguettespieße

etwa 300 g (Vollkorn-)Baguette
4 Holzspieße
½ rote entkernte Peperoni
1 große Knoblauchzehe
80 g streichfähige, hochwertige Pflanzenmargarine
4 EL Hefeflocken
3 EL fein gehackte glatte Petersilie
2 – 3 Spritzer Zitronensaft
Meersalz

- Das Baguette in dünne Scheiben schneiden.
- Pro Spieß vier bis fünf Baguettescheiben waagerecht auf den Spieß stecken. Die Peperoni und die geschälte Knoblauchzehe sehr fein hacken. Mit der Margarine, den Hefeflocken und der Petersilie verrühren. Mit etwas Zitronensaft und Salz abschmecken.
- Die Baguettespieße auf dem Rost von einer Seite kross rösten.
- Die angemachte Margarine auf die kross gerösteten Baguetteseiten streichen.
- Die Baguettespieße mit der ungerösteten Seite auf den Rost oder die Grillplatte geben und so lange bei nicht allzu hoher Temperatur grillen, bis das Baguette auch auf dieser Seite kross geröstet und die Creme auf der Oberfläche geschmolzen ist.

Tipp:
Vergessen Sie auch hier nicht, die Holzspieße vor der Verwendung mindestens 15 Minuten zu wässern.

Zucchini-Apfel-Spieße

für 4 Zucchini-Apfel-Spieße

2 kleine Zucchini
2 kleine Äpfel
2 kleine Zwiebeln
4 Holzspieße

Für die Marinade:
3 – 4 EL Rapsöl
2 EL Sojasauce
2 EL Sherry-Essig
2 TL Roh-Rohrzucker
2 – 3 TL mildes Currypulver
1 TL fein gehackter Thymian

○ Die Zucchini in gut 1 Zentimeter dicke Scheiben schneiden.
○ Die Äpfel vierteln, entkernen und achteln.
○ Die Zwiebeln schälen, halbieren, dann jede Hälfte in dünne Halbmonde schneiden.
○ Die Zucchini- und Apfelstücke sowie die Zwiebelhalbmonde abwechselnd auf die Spieße geben.
○ Für die **Marinade** alle Zutaten miteinander verrühren. So lange rühren, bis der Zucker sich aufgelöst hat. Die Spieße von allen Seiten mit der Marinade bestreichen und abgedeckt etwa 15 Minuten ziehen lassen.
○ Die Spieße in die Grillschale oder auf die Grillplatte geben und bissfest grillen.
○ Zum Ende der Grillzeit mit der verbliebenen Marinade bestreichen.

Tipp:
Wenn Sie mehr als vier Zucchini-Apfel-Spieße grillen wollen, können Sie die Mengen für das Rezept leicht verdoppeln oder verdreifachen.

Leckere Tofuvariationen
Total heiß auf Tofu

Mit Tofu geht, kulinarisch gesehen, fast alles. Deshalb passt er, richtig zubereitet und perfekt angemacht, auch prima auf den Grill. Seinem Naturell als Meister der Verwandlung bleibt er auf dem Rost treu: Man kann ihn mild oder feurig würzen, in Scheiben, Dreiecke oder Würfel schneiden, auf Spieße stecken, in Grillpäckchen geben und Gemüse damit füllen. Tofu vom Grill ist einfach wunderbar wandelbar und passt auf jedes Grillbüfett.

Barbecue-Tofu am Spieß

für 8 Barbecue-Tofu-Spieße

400 g (Natur-)Tofu
8 Holzspieße

Für die Marinade:
3 EL Tomatenmark
3 EL Tomatenketchup
2 EL Olivenöl
2 EL Sojasauce
2 EL Wasser
1 TL mildes Currypulver

- Den Tofu kurz mit Wasser abbrausen, in Küchenkrepp einschlagen und vorsichtig das überschüssige Wasser auspressen. Danach den Tofu in acht gleich große, längliche Rechtecke schneiden.
- Für die **Marinade** alle Zutaten verrühren.
- Den Tofu von allen Seiten mit der Marinade bestreichen. Die verbliebene Marinade in eine flache Schüssel geben und die Tofurechtecke hineinlegen. Den Tofu abgedeckt im Kühlschrank 3 bis 4 Stunden ziehen lassen, dabei gelegentlich wenden.
- Die Tofurechtecke der Länge nach auf die Spieße stecken und auf dem Rost, in der Grillschale oder auf der Grillplatte kross grillen. Dabei häufig wenden und zum Ende der Grillzeit mit der verbliebenen Marinade bestreichen.

Tipp:
Gerade bei kleinen Grillfreunden kommt es gut an, wenn Sie den Tofu nicht in acht, sondern in 16 kleine Rechtecke schneiden und diese zum Grillen auf Zahnstocher spießen. So ergibt sich schnelles Fingerfood vom Grill.

Argentinische Tofuscheiben mit Chimichurri-Sauce

400 g (Natur-)Tofu

Für die Tofumarinade:
2 – 3 EL Olivenöl
1 EL weißer Balsamessig
1 TL Kräutersalz oder Meersalz
1 TL gemahlene Kurkuma
1 TL mildes Paprikapulver
½ TL gemahlener Kreuzkümmel
½ TL gemahlener Koriander
grüne Chilisauce

Für die Chimichurri-Sauce:
1 ½ Bund krause Petersilie
2 kleine Zweige Thymian
1 Zweig Oregano
3 – 4 Knoblauchzehen
1 Frühlingszwiebel oder 1 kleine Schalotte
¼ – ½ entkernte rote Peperoni
90 – 100 ml Olivenöl
2 EL Sherry-Essig
Meersalz
frisch gemahlener weißer Pfeffer

- Den Tofu kurz mit Wasser abbrausen, in Küchenkrepp einschlagen und vorsichtig das überschüssige Wasser auspressen. Danach den Tofu in vier gleich große Scheiben schneiden.
- Für die **Tofumarinade** alle Zutaten miteinander verrühren und mit ein wenig Chilisauce abschmecken. Die Tofuscheiben von beiden Seiten mit der Marinade bestreichen und abgedeckt im Kühlschrank 3 bis 4 Stunden ziehen lassen.
- Für die **Chimichurri-Sauce** die Petersilie, den Thymian und Oregano kurz abbrausen und trockentupfen.

o Die Petersilienblättchen von den Stängeln zupfen und zusammen mit den von den Stängeln gezupften Thymian- und Oreganoblättchen in den Universalzerkleinerer oder in den Mixbehälter der Küchenmaschine geben.

o Die Knoblauchzehen schälen und grob zerkleinern.

o Die Frühlingszwiebel (oder geschälte Schalotte) und die Peperoni ebenfalls grob zerkleinern.

o Die Knoblauchzehen, Frühlingszwiebel (oder geschälte Schalotte) und Peperoni zu den Kräutern in den Universalzerkleinerer oder den Mixbehälter der Küchenmaschine geben und alles fein zerkleinern. Dabei nicht zu lange pürieren, damit kein Mus entsteht.

o Die Kräuterzubereitung in eine kleine Schüssel umfüllen und die restlichen Zutaten unterrühren.

o Mit Salz und ein wenig Pfeffer abschmecken.

o Die Chimichurri-Sauce abgedeckt im Kühlschrank 3 bis 4 Stunden ziehen lassen. Danach 15 Minuten vor dem Grillen der Tofuscheiben aus dem Kühlschrank nehmen.

o Die Tofuscheiben auf den Rost oder in die Grillschale geben und von beiden Seiten schön braun grillen.

o Mit der Chimichurri-Sauce und etwas Baguette servieren.

Tipp:
Sie können die Kräuter, Knoblauchzehen, Frühlingszwiebel (oder Schalotte) und Peperoni natürlich auch mit dem Messer zerkleinern. Sie sollten dabei jedoch darauf achten, dass die genannten Zutaten vor der Weiterverwendung tatsächlich sehr fein gehackt sind.

Hawaii-Spieße mit Räuchertofu

für 4 Hawaii-Spieße

150 g Räuchertofu
1 rote Paprikaschote
12 Stücke frische Ananas (180 – 200 g)
8 braune Champignons (etwa 200 g)
4 Holzspieße

Für die Marinade:
2 EL Tomatenketchup
2 EL Rapsöl
1 EL Sojasauce
1 EL Rotweinessig
1 TL mildes Currypulver
frisch gemahlene Chiliflocken

- Den Räuchertofu in 12 gleich große Würfel schneiden.
- Die Paprika vierteln, entkernen und in 12 etwa gleich große Stücke schneiden.
- Die Ananasstücke, Räuchertofuwürfel, Paprikastücke und Champignons auf die Spieße verteilen.
- Für die **Marinade** alle Zutaten verrühren und herzhaft mit Chiliflocken würzen.
- Die Spieße von allen Seiten mit der Marinade bestreichen und abgedeckt im Kühlschrank 15 Minuten ziehen lassen.
- Die Hawaii-Spieße auf dem Rost, auf der Grillplatte oder in der Grillschale von allen Seiten grillen, bis die Zutaten leicht gebräunt sind. Dabei zum Ende der Grillzeit mit der verbliebenen Marinade bestreichen.

Tipp:
Die Zutaten für dieses Rezept lassen sich nach Belieben verdoppeln oder verdreifachen.

Mit Basilikumtofu gefüllte Tomaten

300 g (Natur-)Tofu
5 – 6 EL Sojadrink oder Reisdrink
1 – 2 EL milder Weißweinessig
2 EL Olivenöl
6 – 8 Blätter Basilikum
4 EL Sonnenblumenkerne
12 entkernte grüne Oliven
Meersalz
frisch gemahlener weißer Pfeffer
4 Fleischtomaten
große (Bananen-)Blätter zum Einwickeln
Zahnstocher

○ Den Tofu kurz mit Wasser abbrausen, in Küchenkrepp einschlagen und vorsichtig das überschüssige Wasser auspressen. Danach den Tofu in Würfel schneiden und mit dem Sojadrink, Essig, Öl, Basilikum, den Sonnenblumenkernen und halbierten Oliven in ein hochwandiges Rührgefäß geben.

○ Mit dem Pürierstab zu einer glatten Creme pürieren.

○ Herzhaft mit Salz und Pfeffer abschmecken.

○ Von den Fleischtomaten jeweils einen Deckel abschneiden. Das Fruchtfleisch gründlich auslöffeln und anderweitig (für Suppen oder Smoothies) verwenden.

○ Das Tomateninnere mit Salz und Pfeffer würzen und mit dem Basilikumtofu füllen.

○ Die Deckel aufsetzen und die Tomaten in große (Bananen-)Blätter hüllen. Mit Zahnstochern sichern.

○ Die Tomaten bei nicht allzu hoher Temperatur in der Grillschale oder auf der Grillplatte garen.

Tipp:
Falls Sie einen Grill mit Deckel besitzen, können Sie die Tomaten, ohne sie in Blätter zu hüllen, in die Grillschale oder auf die Grillplatte setzen und mit geschlossenem Deckel garen.

Kartoffel-Tofu-Päckchen

für 4 Kartoffel-Tofu-Päckchen

4 große Kartoffeln (etwa 700 g)
1 – 2 TL Meersalz
1 ¼ l Wasser
Backpapier
1 große Zwiebel
175 g Räuchertofu
4 TL Sojasauce
4 TL Olivenöl
4 TL fein gehackter Majoran
2 TL fein gehackter Thymian
1 – ½ TL mildes Paprikapulver
Meersalz
frisch gemahlener schwarzer Pfeffer
hitzebeständiges Küchengarn

- Die Kartoffeln mit dem Salz und Wasser gut 20 Minuten als Pellkartoffeln bissfest garen. Danach das Kochwasser abschütten, die Kartoffeln etwas abkühlen lassen und pellen.
- Vier große Stücke Backpapier von beiden Seiten gründlich mit Wasser anfeuchten.
- Die Kartoffeln in mittelfeine Würfel schneiden und jeweils eine gewürfelte Kartoffel mittig auf dem Backpapier verteilen.
- Die Zwiebel schälen, halbieren und in feine Halbmonde schneiden. Den Tofu fein würfeln. Beides in vier Portionen aufteilen und zu den Kartoffeln geben.
- Mit der Sojasauce und dem Olivenöl beträufeln.

- Mit dem Majoran, Thymian und Paprikapulver überstreuen.
- Mit etwas Salz und Pfeffer würzen.
- Das Backpapier jeweils an allen vier Enden hochschlagen und mit hitzebeständigem Küchengarn zusammenbinden.
- Die Päckchen noch einmal kurz von außen mit etwas Wasser anfeuchten.
- Die Päckchen auf die **Grillplatte** setzen und bei nicht allzu hoher Temperatur in etwa 15 Minuten garen, bis die Kartoffeln knusprig sind.
- Die Päckchen auf keinen Fall mit der Flamme in Berührung kommen lassen und während des Garvorgangs im Auge behalten!

Tipp:
Anstelle von Räuchertofu können Sie auch andere aromatisierte Tofusorten wie zum Beispiel Paprika-Tofu, Oliven-Tofu oder Nuss-Tofu verwenden. Sie können den Anteil an Tofu bei diesem Gericht auch nach Ihrem Ermessen erhöhen.

Nordische Spieße mit Räuchertofu

für 4 nordische Spieße

125 g Räuchertofu
1 kleine rote Zwiebel
2 ½ Scheiben Vollkorntoastbrot
8 Cornichons
4 Holzspieße

Für die Marinade:
3 – 4 EL Rapsöl
2 EL fein gehackter Dill
1 EL Weißweinessig
1 EL milder Senf
1 TL Ahornsirup
Meersalz
frisch gemahlener schwarzer Pfeffer

- Den Räuchertofu in acht gleich große Würfel schneiden.
- Die Zwiebel schälen und vierteln. Die einzelnen Zwiebelschichten vorsichtig voneinander lösen, sodass sich einzelne Scheiben ergeben.
- Jede Toastscheibe in kleine Stücke schneiden. Eine ganze Toastscheibe sollte jeweils 16 kleine Stücke ergeben, die halbe Toastscheibe acht Stücke.
- Die Tofuwürfel, Zwiebelscheiben, Cornichons und Brotstücke auf die Spieße verteilen.
- Dabei jeweils drei Toaststücke hintereinander als eine Lage Brot auf die Spieße geben. Pro Spieß sollten drei Lagen, also insgesamt neun Stücke Toast verwendet werden.
- Die restlichen vier Toaststücke anderweitig verwenden.
- Für die **Marinade** alle Zutaten verrühren und mit Salz und Pfeffer würzen.
- Die Spieße von allen Seiten mit der Marinade bestreichen.
- Die Spieße auf dem Rost, in der Grillschale oder auf der Grillplatte unter häufigem Wenden so lange grillen, bis der Tofu gebräunt und das Brot schön knusprig ist.

Pusztaspieße mit Räuchertofu

für 4 Pusztaspieße

100 g Räuchertofu
2 – 3 EL Olivenöl
2 EL Tomatenmark
1 TL scharfer Senf
1 TL mittelscharfer Senf
1 TL mildes Paprikapulver
1 TL fein gehackter Thymian
Meersalz
frisch gemahlener schwarzer Pfeffer
4 mittelgroße grüne Spitzpaprikaschoten
4 Mini-Strauchtomaten oder sehr kleine Tomaten
4 Holzspieße
Olivenöl zum Bestreichen

- Den Räuchertofu in vier schmale Rechtecke schneiden, die später in das ausgehöhlte Innere der Spitzpaprika passen.
- Das Öl mit dem Tomatenmark, Senf, Paprikapulver und Thymian verrühren. Mit Salz und Pfeffer abschmecken.
- Den Räuchertofu damit von allen Seiten bestreichen.
- Von den Spitzpaprika die Deckel abschneiden und sie von oben entkernen.
- Die Tofurechtecke jeweils der Länge nach in die Spitzpaprika drücken.
- Die Tomaten anschließend so weit wie möglich in die oberen Öffnungen drücken, sodass die Spitzpaprika wie Eistüten mit abschließender Kugel aussehen.
- Die Spitzpaprika und Tomaten der Länge nach jeweils auf einen Spieß stecken und mit reichlich Öl bestreichen.
- Die Pusztaspieße auf die Grillschale oder auf die Grillplatte geben und unter mehrmaligem vorsichtigen Wenden so lange grillen, bis die Paprika leicht gebräunt und die Tomaten weich sind.
- Vor dem Servieren mit etwas Salz und Pfeffer würzen.

Tofudreiecke in Kokos-Erdnuss-Sauce

1 Zwiebel
2 Knoblauchzehen
1 kirschgroßes Stück Ingwer
½ – 1 rote entkernte Peperoni
2 – 3 EL Erdnussöl oder Sojaöl
3 – 4 EL glatte Erdnusscreme
400 ml Kokosmilch
3 – 4 EL fein gehacktes Koriandergrün
3 MSP gemahlener Kreuzkümmel
Meersalz
400 g (Natur-)Tofu

- Die Zwiebel, den Knoblauch und den Ingwer schälen und wie auch die Peperoni jeweils sehr fein hacken.
- Das Öl in einer Pfanne erhitzen und die Zwiebel, Knoblauch, Peperoni und den Ingwer darin anschwitzen.
- Die Erdnusscreme hinzufügen und so lange erhitzen, bis sie geschmolzen ist.
- Die Kokosmilch hinzufügen und alles unter gelegentlichem Rühren kurz zum Kochen bringen.
- Die Temperatur deutlich reduzieren und das Koriandergrün sowie den Kreuzkümmel unterrühren. Die Sauce herzhaft mit Salz abschmecken.
- Den Tofu kurz abbrausen, in Küchenkrepp einschlagen und vorsichtig das überschüssige Wasser auspressen. Danach den Tofu in acht gleich große Dreiecke schneiden.
- Den Tofu in die Sauce geben und alles vorsichtig noch einmal kurz zum Kochen bringen.
- Die Pfanne vom Herd nehmen und die Tofuzubereitung sowie die Sauce abkühlen lassen.
- Die Tofudreiecke vorsichtig aus der Pfanne nehmen und etwas abtropfen lassen. Dann von beiden Seiten auf dem Rost oder in der Grillschale grillen, bis der Tofu leicht gebräunt ist.
- Die Sauce entweder abgekühlt oder noch einmal erhitzt zu den Tofudreiecken servieren.

Tofuwürfel auf japanische Art

400 g (Natur-)Tofu
Saft einer halben Zitrone
6 EL Wasser
3 – 4 EL Rapsöl
2 EL Ahornsirup
2 TL gemahlene Kurkuma
2 TL Wasabi-Pulver
1 – 2 TL Meersalz
1 TL getrocknete Noriflocken
1 durchgepresste Knoblauchzehe
1 walnussgroßes Stück Ingwer
    (ebenfalls durch die Knoblauchpresse gepresst)
frisch gemahlene Chiliflocken

- Den Tofu kurz abspülen, in Küchenkrepp einschlagen und vorsichtig das überschüssige Wasser auspressen. Den Tofu in mittelgroße Würfel schneiden.
- Die verbliebenen Zutaten zu einer Marinade verrühren und mit den Chiliflocken abschmecken.
- Die Tofuwürfel dazugeben und gut vermischen.
- Den Tofu 3 bis 4 Stunden abgedeckt im Kühlschrank ziehen lassen, dabei gelegentlich vorsichtig wenden.
- Die Tofuwürfel auf dem Rost, in der Grillschale oder auf der Grillplatte von allen Seiten kross grillen. Dabei zum Ende der Grillzeit mit der verbliebenen Marinade überträufeln.

Tipp:
Anstelle des Wasabi-Pulvers können Sie auch Wasabi-Paste verwenden. Dosieren Sie in dem Fall jedoch vorsichtig und würzen lieber nach.

Tomatenpäckchen mit Tofu-Feta

Für den Tofu-Feta:
400 g (Natur-)Tofu
500 ml Wasser
2 – 2 ½ TL Meersalz
Saft einer halben Zitrone
60 – 70 ml Rapsöl
3 EL Weißweinessig
2 TL gemahlene Kurkuma
3 – 4 MSP weißer Pfeffer

Für die Tomatenpäckchen:
5 Tomaten
3 kleine Frühlingszwiebeln
1 Knoblauchzehe
2 – 3 EL Olivenöl
2 EL roter Balsamessig
4 EL fein gehacktes Basilikum
Meersalz
frisch gemahlener schwarzer Pfeffer
große (Bananen-)Blätter zum Einwickeln
Zahnstocher

- Für den **Tofu-Feta** den Tofu kurz mit Wasser abbrausen, in Küchen-krepp einschlagen und vorsichtig das überschüssige Wasser auspressen. Danach den Tofu in Würfel schneiden.
- Das Wasser mit 1 bis 1 ½ Teelöffel Salz in eine Pfanne oder einen brei-ten, flachen Topf geben und so lange rühren, bis sich das Salz aufgelöst hat.
- Den Zitronensaft hinzufügen.
- Die Tofuwürfel in die Pfanne oder den Topf geben und alles zum Kochen bringen.
- 2 bis 3 Minuten köcheln lassen, dann die Pfanne oder den Topf vom Herd nehmen und alles abkühlen lassen.

- Den abgekühlten Tofu in einen Durchschlag geben und sehr gut abtropfen lassen.
- Das Rapsöl mit dem Essig, der Kurkuma, 1 weiteren Teelöffel Salz und dem Pfeffer zu einer Marinade verrühren.
- Die Tofuwürfel mit der Marinade übergießen und vorsichtig wenden, damit alle Tofuwürfel mit der Marinade überzogen werden.
- Die Tofuwürfel 4 bis 5 Stunden oder auch über Nacht abgedeckt im Kühlschrank ziehen lassen, dabei gelegentlich vorsichtig wenden.
- Für die **Tomatenpäckchen** die Tomaten in Spalten schneiden.
- Die Frühlingszwiebeln in dünne Scheiben schneiden.
- Den Knoblauch schälen und fein hacken.
- Die Tomaten, Frühlingszwiebeln und den Knoblauch in eine Schüssel geben.
- Das Öl mit dem Essig und Basilikum verrühren und mit dem Tomatengemüse vermischen.
- Alles herzhaft mit Salz und Pfeffer abschmecken.
- Das Tomatengemüse auf die Blätter verteilen.
- Etwa 300 Gramm vom Tofu-Feta abnehmen und auf dem Tomatengemüse verteilen.
- Die Blätterenden übereinanderschlagen und mit Zahnstochern sichern.
- Die Tomatenpäckchen auf den Rost, in die Grillschale oder auf die Grillplatte geben und das Tomatengemüse knapp 15 Minuten gut durchgaren lassen.

Tipp:
Verstehen Sie die 300 Gramm Tofu-Feta, die Sie auf das Tomatengemüse geben sollen, bitte nur als Hinweis darauf, wie viel Tofu-Feta man verwenden könnte. Wenn Sie möchten, können Sie natürlich auch weniger Tofu-Feta verwenden oder Sie brauchen die gesamte Menge Tofu-Feta bei einem Grillvorgang auf.
Reste vom Tofu-Feta halten sich abgedeckt im Kühlschrank 3 bis 4 Tage. Erfahrungsgemäß sind die leckeren Würfel jedoch relativ schnell weggenascht.

Würzige Gemüsepäckchen
Kreativ verpackt

Welcher Grilltyp sind Sie? Sind Sie eher von der ungeduldigen Sorte oder können Sie abwarten, um sich dann etwas besonders Leckeres zu gönnen? Beobachten Sie ganz genau, was mit dem Grillgut geschieht oder lassen Sie sich auch mal ein wenig überraschen? Für echte Genießer, die nicht nur auf die äußere Hülle achten, sondern auch die »inneren Werte« schätzen, sind die herzhaften Gemüsepäckchen das Richtige. Von A wie Auberginen-Tomaten-Päckchen bis Z wie Zwiebelpäckchen kommt keine Langeweile auf. Zumal sich sowohl der Inhalt wie auch die Verpackung kreativ gestalten lassen.

Grüne Fenchelpäckchen

4 kleine Fenchelknollen
5 – 6 Frühlingszwiebeln
1 großes Bund gemischte Gartenkräuter (zum Beispiel Petersilie,
*   Schnittlauch, Dill, Estragon, Sauerampfer, Zitronenmelisse)*
60 – 70 ml Olivenöl
5 – 6 EL Sonnenblumenkerne
4 EL weißer Balsamessig
1 – 2 TL Meersalz
frisch gemahlener weißer Pfeffer
große (Bananen-)Blätter zum Einwickeln
Zahnstocher

○ Die Fenchelknollen jeweils vierteln und die harten Strünke herausschneiden. Danach die Fenchelviertel mittelfein würfeln.
○ Die Frühlingszwiebeln in feine Scheiben schneiden.
○ Die kurz abgebrausten und trockengetupften Kräuter mit dem Öl, den
  Sonnenblumenkernen, dem Essig und Salz im Universalzerkleinerer
  oder Mixbehälter der Küchenmaschine oder mit einem leistungsstarken Pürierstab wie für ein Pesto zerkleinern. Die Kräuterzubereitung
  mit dem Fenchel und den Frühlingszwiebeln vermischen und mit Pfeffer abschmecken.
○ Die Fenchelzubereitung in vier Portionen auf die Blätter verteilen.
○ Die Blätterenden übereinanderschlagen und mit Zahnstochern sichern.
○ Die Fenchelpäckchen auf den Rost oder auf die Grillplatte geben und
  bissfest garen.

Auberginen-Tomaten-Päckchen

1 große längliche Aubergine
feines Meersalz
3 EL Tomatenmark
1 ½ EL Hefeflocken
1 EL Olivenöl
1 TL rote Balsamicocreme
1 TL getrocknetes Pizzagewürz
Meersalz
frisch gemahlener schwarzer Pfeffer
1 mittelgroße Tomate
8 – 9 entkernte schwarze Oliven
Zahnstocher
Olivenöl zum Bestreichen

○ Die Enden der Aubergine glatt abschneiden. Die Aubergine mit einem scharfen Küchenmesser der Länge nach in acht bis neun dünne Scheiben schneiden.

○ Die Auberginenscheiben flach auf ein Backblech legen und mit reichlich Salz bestreuen. Die Auberginenscheiben 40 bis 50 Minuten mit dem Salz Wasser ziehen lassen, damit sie weich und biegsam werden.

○ Das Salz unter fließendem Wasser gründlich abspülen und die Auberginen im Anschluss gut trockentupfen.

○ Das Tomatenmark mit den Hefeflocken, dem Öl, der Balsamicocreme und dem Pizzagewürz verrühren. Mit Salz und Pfeffer abschmecken.

○ Die Auberginenscheiben einseitig mit dem angemachten Tomatenmark bestreichen.

○ Die Tomate in acht bis neun Scheiben schneiden.

○ Zum Zusammensetzen der Päckchen wie folgt verfahren:
Eine Tomatenscheibe auf das obere Drittel der Auberginenscheibe legen. Eine Olive daraufsetzen. Die Auberginenscheibe nun vom mit der Tomate und Olive belegten Drittel aus vorsichtig zur Mitte und zum freien Ende hin aufrollen.

○ Jede Auberginenscheibe mit (mindestens) einem Zahnstocher sichern.

○ Die Auberginenpäckchen mit etwas Öl bestreichen und in der Grillschale oder auf der Grillplatte von allen Seiten grillen, bis die Aubergine schön gebräunt ist.

Tipp:
Die von Ihnen gewählte Aubergine erweist sich als ausgesprochen »widerspenstig« und lässt sich auch nach dem Ziehen im Salz nicht genügend biegen? Kein Problem! Spülen Sie das Salz unter fließendem Wasser ab. Bringen Sie etwas Wasser in einem breiten Kochtopf zum Kochen. Blanchieren Sie jede Auberginenscheibe nun kurz (etwa 2 Minuten) im kochenden Wasser. Spülen Sie die Auberginenscheibe schnell mit kaltem Wasser ab und tupfen Sie sie dann gut trocken. Im Anschluss verfahren Sie weiter, wie im Rezept beschrieben.

Mediterrane Pilzpäckchen

400 g braune Champignons
1 große rote Paprikaschote
2 Frühlingszwiebeln
2 Knoblauchzehen
2 Tomaten
2 – 3 EL Olivenöl
2 EL Rotweinessig
2 EL fein gehackter Oregano
1 EL fein gehackter Thymian
1 EL fein gehackter Rosmarin
Meersalz
frisch gemahlener schwarzer Pfeffer
große (Bananen-)Blätter zum Einwickeln
Zahnstocher

○ Die Champignons mit feuchtem Küchenkrepp säubern und in Scheiben schneiden.
○ Die Paprika fein würfeln.
○ Die Frühlingszwiebeln in feine Scheiben schneiden, den Knoblauch schälen und sehr fein hacken.
○ Die Tomaten in dünne Spalten schneiden.
○ Das Gemüse in eine Schüssel geben, mit den verbliebenen Zutaten vermischen und mit Salz und Pfeffer abschmecken.
○ Das Pilzgemüse in vier Portionen auf die Blätter verteilen. Die Blätterenden übereinanderschlagen und mit Zahnstochern sichern.
○ Die Pilzpäckchen auf den Rost oder auf die Grillplatte geben und bissfest garen.

Mexiko-Päckchen mit Bohnen und Mais

4 kleine rote Paprikaschoten
2 kleine Schalotten
200 g gekochte Kidneybohnen
200 g gegarter Gemüsemais

Für die Würzsauce:
Saft und Schale einer unbehandelten Limette
2 durchgepresste Knoblauchzehen
4 EL fein gehackte glatte Petersilie
4 EL Erdnussöl oder Rapsöl
4 EL Tomatenmark
1 EL Ahornsirup
3 – 4 MSP gemahlener Kreuzkümmel
3 – 4 MSP gemahlener Koriander

Meersalz
rote Chilisauce
große (Bananen-)Blätter zum Einwickeln
Zahnstocher

- Die Paprika vierteln, entkernen und in feine Streifen schneiden.
- Die Schalotten schälen, der Länge nach halbieren und in feine Scheiben schneiden.
- Die Paprika und Schalotten mit den Kidneybohnen und dem Gemüsemais in einer Schüssel vermischen.
- Für die **Würzsauce** alle Zutaten miteinander verrühren.
- Die Würzsauce zum Paprikagemüse geben und vorsichtig vermischen.
- Herzhaft mit Salz und Chilisauce abschmecken.
- Die Paprikazubereitung in vier Portionen auf die Blätter verteilen. Die Blätterenden übereinanderschlagen und mit Zahnstochern sichern.
- Die Mexiko-Päckchen auf den Rost oder auf die Grillplatte geben und bissfest garen.

Ratatouille-Päckchen

1 kleine rote Zwiebel
2 – 3 Knoblauchzehen
2 gelbe Paprikaschoten
1 kleine Aubergine
1 mittelgroßer Zucchino
5 EL Tomatenmark
4 EL Olivenöl
2 – 3 EL Rotweinessig
2 TL getrocknete Kräuter der Provence
1 TL mildes Paprikapulver
Meersalz
frisch gemahlener schwarzer Pfeffer
große (Bananen-)Blätter zum Einwickeln
Zahnstocher

- Die Zwiebel und den Knoblauch schälen und sehr fein hacken.
- Die Paprika vierteln, entkernen und fein würfeln.
- Die Aubergine und den Zucchino in Scheiben schneiden. Die Scheiben fein würfeln.
- Die Zwiebel, den Knoblauch, die Paprika, Aubergine und den Zucchino in eine Schüssel geben.
- Die verbliebenen Zutaten hinzufügen und alles vorsichtig vermischen.
- Herzhaft mit Salz und Pfeffer abschmecken.
- Das Ratatouille-Gemüse in vier Portionen auf die Blätter verteilen. Die Blätterenden übereinanderschlagen und mit Zahnstochern sichern.
- Die Ratatouille-Päckchen auf den Rost oder auf die Grillplatte geben und bissfest garen.

Spargelpäckchen mit Zitronen-Estragon-Creme

1 kg weißer Spargel
2 TL Meersalz
1 TL Roh-Rohrzucker
1 EL weißer Balsamessig
etwa 2 l Wasser

Für die Zitronen-Estragon-Creme:
80 g hochwertige Pflanzenmargarine
Saft und Schale einer halben unbehandelten Zitrone
3 EL fein gehackter Estragon
Meersalz
frisch gemahlener weißer Pfeffer

große (Bananen-)Blätter zum Einwickeln
Zahnstocher

o Den Spargel mit dem Sparschäler schälen.
o Zusammen mit dem Salz, Zucker, Essig und Wasser in einen länglichen Topf geben und zum Kochen bringen.
o Je nach Dicke der Spargelstangen den Spargel 5 bis 8 Minuten vorgaren, bis er anfängt, weich zu werden.
o Den Spargel vorsichtig aus dem Kochwasser nehmen und etwas abtropfen lassen.
o Danach den Spargel portionsweise auf den Blättern verteilen.
o Für die **Zitronen-Estragon-Creme** die Margarine zum Schmelzen bringen.
o Den Zitronensaft, die abgeriebene Zitronenschale sowie den Estragon hinzufügen.
o Die Creme kräftig mit Salz und etwas Pfeffer abschmecken und über den Spargel träufeln.
o Die Blätterenden zusammenschlagen und mit Zahnstochern sichern.
o Die Spargelpäckchen auf den Rost oder auf die Grillplatte geben und gut 5 Minuten grillen, bis der Spargel heiß und fertig gegart ist.

Rote-Bete-Birnen-Päckchen

4 kleine Rote Beten (600 – 700 g)
gut 2 l Wasser (für die Roten Beten)
4 mittelgroße Kartoffeln (etwa 500 g)
1 TL Meersalz
etwa 1 l Wasser (für die Kartoffeln)
2 kleine rote Zwiebeln
2 kleine Birnen
80 g grob gehackte Walnusskerne
4 EL Rapsöl
4 EL Apfelbalsamessig
2 EL fein gehackter Majoran
1 EL fein gehackter Thymian
Meersalz
frisch gemahlener schwarzer Pfeffer
große (Bananen-)Blätter zum Einwickeln
Zahnstocher

- Die gesäuberten, aber ungeschälten Roten Beten in einen Topf geben und das Kochwasser hinzufügen. Die Roten Beten knapp 60 Minuten oder so lange, bis sie weich sind, im heißen Wasser köcheln lassen.
- Die Kartoffeln mit dem Salz und Wasser in einen zweiten Topf geben und etwa 20 Minuten als Pellkartoffeln garen.
- Das Kochwasser abgießen und die Roten Beten und Kartoffeln etwas abkühlen lassen. Dann schälen und in mundgerechte Würfel schneiden.
- Die Zwiebeln schälen, vierteln und in feine Spalten schneiden.
- Die Birnen entkernen und in mundgerechte Stücke schneiden.
- Die Roten Beten, Kartoffeln, Zwiebeln und Birnen zusammen mit den Walnusskernen in eine Schüssel geben.
- Das Öl, den Essig, Majoran und Thymian hinzufügen und alles vorsichtig vermischen.
- Kräftig mit Salz und ein wenig Pfeffer abschmecken.
- Jeweils etwas von dem Rote-Bete-Gemüse auf die Blätter geben. Die Blätterenden übereinanderschlagen und mit Zahnstochern sichern.

○ Die Rote-Bete-Päckchen auf dem Rost oder auf der Grillplatte grillen, bis die Zwiebeln weich sind und das Gemüse schön durcherhitzt ist.

Tipp:
Schneller geht es, wenn Sie die Kartoffeln und Roten Beten bereits am Vortag kochen. Oder Sie verwenden bereits fertig gekochte und vakuumverpackte Rote Bete.
Die süßliche Rote Bete kann eine gute Portion Salz vertragen. Stellen Sie daher zum Nachwürzen bei Tisch einen Salzstreuer bereit. Sehr aromatisch schmecken die Rote-Bete-Birnen-Päckchen auch, wenn Sie sie zum Servieren mit 3 bis 4 Esslöffel Hefeflocken überstreuen.

Süßkartoffel-Apfel-Päckchen

4 Süßkartoffeln (insgesamt etwa 1 kg)
2 Äpfel
2 kleine Zwiebeln
4 EL Sojasauce
4 EL Apfelbalsamessig
2 – 3 EL Kürbiskernöl
1 EL Rapsöl
4 EL fein gehackter Schnittlauch
1 EL fein gehackter Thymian
3 MSP gemahlene Muskatnuss
Meersalz
frisch gemahlener schwarzer Pfeffer
große (Bananen-)Blätter zum Einwickeln
Zahnstocher

o   Die Süßkartoffeln und Äpfel jeweils schälen und mundgerecht würfeln.
o   Die Zwiebeln schälen und fein hacken.
o   Das Gemüse und die Äpfel in eine Schüssel geben.
o   Die verbliebenen Zutaten hinzufügen und alles vorsichtig vermischen.
o   Mit reichlich Salz und Pfeffer würzen.
o   Das Süßkartoffelgemüse in vier Portionen auf die Blätter verteilen. Die Blätterenden übereinanderschlagen und mit Zahnstochern sichern.
o   Die Süßkartoffel-Apfel-Päckchen auf den Rost oder auf die Grillplatte geben und bissfest garen.

Tipp:
Süßkartoffeln benötigen meistens etwas länger, nämlich knapp 20 Minuten, bis sie weich und fertig gegart sind.
Vor dem Servieren die Süßkartoffel-Apfel-Päckchen, falls erwünscht, mit noch etwas Salz nachwürzen.

Tomaten-Bohnen-Päckchen

1 – 2 Knoblauchzehen
¼ rote entkernte Peperoni
3 – 4 Blätter Salbei
3 kleine Frühlingszwiebeln
4 Tomaten
250 g gekochte weiße Bohnen
2 – 3 EL Olivenöl
2 EL Weißweinessig
2 – 3 EL Hefeflocken
Meersalz
große (Bananen-)Blätter zum Einwickeln
Zahnstocher

o Die geschälten Knoblauchzehen, Peperoni und Salbeiblätter jeweils fein hacken.

o Die Frühlingszwiebeln in feine Scheiben schneiden. Die Tomaten mittelfein würfeln.

o Die Knoblauchzehen, Peperoni, Salbeiblätter, Frühlingszwiebeln und Tomaten in eine Schüssel geben. Mit den Bohnen vermischen.

o Das Öl, den Essig und die Hefeflocken vorsichtig unterrühren und alles mit Salz abschmecken.

o Das Tomaten-Bohnen-Gemüse in vier Portionen auf die Blätter verteilen. Die Blätterenden übereinanderschlagen und mit Zahnstochern sichern.

o Die Tomaten-Bohnen-Päckchen auf den Rost oder auf die Grillplatte geben und bissfest garen.

Tipp:
Diese leckere Kombination aus Tomaten und Bohnen schmeckt sowohl heiß vom Grill als auch kalt als kleiner Salat.
Als Salat bereiten Sie das Rezept bitte wie oben beschrieben zu, verwenden jedoch nur eine Knoblauchzehe und lassen die Hefeflocken weg. Falls keine frische Peperoni zur Hand ist, können Sie auch mit frisch gemahlenen Chiliflocken würzen.

Tomaten-Oliven-Päckchen

6 Tomaten
2 Frühlingszwiebeln
10 entkernte grüne Oliven
10 entkernte schwarze Oliven
5 EL grob gehackte Pinienkerne
4 – 5 EL Olivenöl
2 EL roter Balsamessig
5 EL fein gehacktes Basilikum
Meersalz
frisch gemahlener schwarzer Pfeffer
große (Bananen-)Blätter zum Einwickeln
Zahnstocher

o Die Tomaten in Spalten, die Frühlingszwiebeln in feine Scheiben schneiden.
o Die Oliven halbieren.
o Die Tomaten, Frühlingszwiebeln, Oliven und Pinienkerne in eine Schüssel geben.
o Das Öl mit dem Essig und Basilikum verrühren. Das angemachte Öl zum Tomatengemüse in die Schüssel geben und alles vorsichtig vermischen.
o Herzhaft mit Salz und Pfeffer würzen.
o Das Tomaten-Oliven-Gemüse in vier Portionen auf die Blätter verteilen. Die Enden der Blätter übereinanderschlagen und mit Zahnstochern sichern.
o Die Tomaten-Oliven-Päckchen auf den Rost oder auf die Grillplatte geben und bissfest garen.

Verhüllte Creme-Kartoffeln

4 große Kartoffeln (800 – 900 g)
etwa 1 ½ l Wasser
1 – 2 TL Meersalz
5 EL Sojasahne oder Hafersahne
4 – 5 EL gemischte Gartenkräuter
  (zum Beispiel Schnittlauch, Petersilie, Dill, Estragon, Kresse oder
  Petersilie, Majoran, Oregano, Thymian, Rosmarin)
3 EL Hefeflocken
1 TL mittelscharfer Senf
Meersalz
scharfes Paprikapulver
große (Bananen-)Blätter zum Einwickeln
Zahnstocher

o   Die Kartoffeln unter klarem Wasser abbürsten, nicht schälen.
o   Mit dem Wasser und Salz zum Kochen bringen und 25 bis 30 Minuten köcheln lassen, bis sie weich sind, aber noch nicht auseinanderfallen.
o   Das Kochwasser abgießen und die Kartoffeln kurz mit kaltem Wasser abspülen. Etwa 5 Minuten abkühlen lassen.
o   Die Kartoffeln der Länge nach halbieren. Das weiche Innere bis auf einen knapp halben Zentimeter dicken Rand auslöffeln. Dabei darauf achten, dass die Schalen nicht beschädigt werden.
o   Die herausgelöffelte Kartoffelmasse mit einer Gabel zermusen.
o   Die verbliebenen Zutaten hinzufügen und den Kartoffelbrei würzig mit Salz und Paprikapulver abschmecken.
o   Den Kartoffelbrei auf vier ausgehöhlte Kartoffelhälften verteilen. Die vier verbliebenen Kartoffelhälften wie einen Deckel daraufsetzen.
o   Die gefüllten Kartoffeln jeweils stramm in Blätter wickeln und diese mit Zahnstochern fixieren.
o   Die Creme-Kartoffeln auf den Rost oder auf die Grillplatte geben und etwa 15 Minuten (oder bis sie heiß und von außen ein wenig gebräunt sind) grillen.

Zucchini-Mandel-Päckchen

2 Frühlingszwiebeln
2 kleine rote Paprikaschoten
3 mittelgroße Zucchini
2 Knoblauchzehen
80 ml Sojasahne oder Hafersahne
4 – 5 EL Tomatenmark
5 EL gemahlene und blanchierte Mandeln
5 EL gehackte Mandeln
2 EL weißer Balsamessig
2 EL Olivenöl
4 EL fein gehacktes Basilikum
Meersalz
frisch gemahlener weißer Pfeffer
große (Bananen-)Blätter zum Einwickeln
Zahnstocher

○ Die Frühlingszwiebeln in feine Scheiben schneiden.
○ Die Paprika mittelfein würfeln.
○ Die Zucchini der Länge nach halbieren und die Hälften in feine Halbmonde schneiden.
○ Den Knoblauch schälen und sehr fein hacken.
○ Das Gemüse und den Knoblauch in eine Schüssel geben.
○ Die Sojasahne mit den restlichen Zutaten verrühren und zum Gemüse und Knoblauch in die Schüssel geben. Alles vorsichtig vermischen.
○ Herzhaft mit Salz und Pfeffer abschmecken.
○ Das Zucchini-Gemüse portionsweise auf die Blätter geben. Die Blätterenden übereinanderschlagen und mit Zahnstochern sichern.
○ Die Zucchini-Mandel-Päckchen auf den Rost oder auf die Grillplatte geben und bissfest garen.

Zwiebelpäckchen

4 rote Zwiebeln (insgesamt knapp 400 g)
4 weiße Zwiebeln (insgesamt knapp 400 g)
4 Frühlingszwiebeln
2 Schalotten
2 Knoblauchzehen
5 EL Olivenöl
4 – 5 EL milder Weißweinessig
4 EL fein gehackter Majoran
1 TL Roh-Rohrzucker
1 TL gemahlener Bockshornklee
2 – 3 MSP gemahlene Fenchelsamen
Meersalz
frisch gemahlener weißer Pfeffer
große (Bananen-)Blätter zum Einwickeln
Zahnstocher

- Die roten und weißen Zwiebeln schälen und in dünne Spalten schneiden.
- Die Frühlingszwiebeln in Scheiben schneiden.
- Die Schalotten und den Knoblauch schälen und mittelfein hacken.
- Die Zwiebeln, Frühlingszwiebeln, Schalotten und den Knoblauch in eine Schüssel geben.
- Die verbliebenen Zutaten wie zu einem Dressing verrühren und zum Zwiebelgemüse geben.
- Vorsichtig vermischen.
- Das Zwiebelgemüse mit reichlich Salz und ein wenig Pfeffer würzen.
- Das Zwiebelgemüse portionsweise auf die Blätter geben. Die Blätterenden übereinanderschlagen und mit Zahnstochern fixieren.
- Die Zwiebelpäckchen auf den Rost oder auf die Grillplatte geben und bissfest garen.

Tipp:
Das Zwiebelgemüse sollte auf der mittleren Stufe des Rosts in gut 15 Minuten fertig gegart sein.

Herzhaftes Backwerk
Frisches Freiluftbacken

Grillen ist heute auch nicht mehr das, was es einmal war … Was für ein Glück! Denn heute kann der Grill auch als Mini-Backstube genutzt und Brot oder Gebäck auf dem Rost zubereiten werden. Da spart man sich nicht nur den Weg zum Bäcker, sondern weiß auch ganz genau, welche Zutaten in den Teig kommen. So schmeckt es doppelt gut!

Crostini – italienisches Röstbrot

4 Scheiben dick geschnittenes (italienisches) Kastenweißbrot
  oder 8 gut 1 cm dicke Scheiben Ciabatta
  oder 8 gut 1 cm dicke Scheiben Baguette

- Falls Kastenweißbrot verwendet wird, dieses entrinden und halbieren.
- Die Brotscheiben auf den Rost geben und von beiden Seiten goldbraun rösten.
- Das frisch geröstete Brot nun dick mit einem Belag nach Wunsch bestreichen, zum Beispiel mit:
  - dem Aprikosenchutney von Seite 143
  - der Knoblauch-Kräuter-Creme von Seite 148
  - dem Mandel-Aioli von Seite 149
  - der Oliven-Mandel-Creme von Seite 150
  - der Tomatencreme von Seite 151

Tipp:
Als schnelle, aber dennoch sehr schmackhafte Vorspeise kann man die Brotscheiben auch, wie im Rezept beschrieben, auf dem Grill rösten, dann mit ein wenig hochwertigem Olivenöl beträufeln und mit etwas Meersalz überstreuen. Werden die gerösteten Brotscheiben zuvor mit einer Knoblauchzehe und dann mit einer Tomatenscheibe kräftig eingerieben, werden daraus spanische Röstbrote. Auch zu Zaziki (Rezept siehe Seite 167) schmecken frisch geröstete Crostini ganz wunderbar.

Blätterteigtaschen mit herzhafter Mandelfüllung

für 8 Blätterteigtaschen

Für die Mandelfüllung:
100 g gemahlene und blanchierte Mandeln
70 g geröstetes Kichererbsenmehl
4 EL Hefeflocken
2 TL mildes Paprikapulver
1 TL scharfes Paprikapulver
1 TL gemahlene Kurkuma
1 – 2 TL Meersalz
100 ml Sojadrink oder Reisdrink
100 ml Sojasahne oder Hafersahne
1 ½ EL milder Weißweinessig
2 TL weißes Sesammus (Tahin)
4 EL fein gehackte glatte Petersilie
frisch gemahlener weißer Pfeffer

280 g frischer Blätterteig
  ersatzweise tiefgekühlter Blätterteig

- Für die **Mandelfüllung** die Mandeln, das Kichererbsenmehl, die Hefeflocken, das Paprikapulver, die Kurkuma und das Salz in einer Schüssel vermischen.
- Den Sojadrink und die Sojasahne hinzufügen und alles zu einer glatten, sämigen Creme verrühren.
- Den Essig, das Sesammus sowie die Petersilie hinzufügen und die Füllung mit etwas Pfeffer würzen.
- Die Füllung abgedeckt etwa 15 Minuten ruhen lassen.

o Den Blätterteig auf etwas Backpapier ausbreiten und in 16 gleich große Rechtecke schneiden. (Den tiefgekühlten Blätterteig auftauen lassen und auf Backpapier zu einem großen Rechteck ausrollen. Danach in 16 Teile schneiden.)

o Die Füllung auf acht Rechtecken verteilen und glatt streichen. Dabei rundherum einen Rand von etwa 3 Millimetern frei lassen.

o Die verbliebenen acht Rechtecke wie Deckel aufsetzen. Die Ränder der so entstandenen Teigtaschen gut zusammendrücken.

o Die Blätterteigtaschen auf der gut geölten Grillplatte oder in der Grill-schale schön braun und knusprig grillen, dabei drei- bis viermal vor-sichtig wenden.

Tipp:
Der Blätterteig lässt sich am besten verarbeiten, wenn er sehr gut gekühlt ist.
Falls Reste von der Füllung übrig bleiben, schmecken diese lecker zu geröstetem Brot. Man kann die Füllung auch gleich als eine Art Dip umfunktionieren.

Calzone – italienische Teigtaschen mit Pilzfüllung

für 4 italienische Teigtaschen

500 g Dinkelmehl (Type 630) oder Weizenmehl (Type 1050)
1 Päckchen Trockenhefe
3 EL Olivenöl
1 TL Meersalz
etwa 250 ml lauwarmes Wasser
Dinkelmehl für die Arbeitsfläche

Für die Füllung:
1 Zwiebel
1 – 2 Knoblauchzehen
2 – 3 EL Olivenöl
500 g braune Champignons
5 EL Tomatenmark
1 – 2 EL roter Balsamessig
2 EL fein gehackter Oregano
1 EL fein gehackter Thymian
1 TL fein gehackter Rosmarin
2 – 3 EL Sojasahne oder Hafersahne
Meersalz
frisch gemahlener schwarzer Pfeffer

- Das Mehl mit der Hefe, dem Öl und Salz vermischen.
- Das Wasser in kleinen Portionen unterkneten. Den Teig so lange kneten, bis er geschmeidig ist und nicht mehr am Schüsselboden oder Schüsselrand klebt.
- Den Teig abgedeckt an einem warmen Ort 30 bis 40 Minuten gehen lassen.
- In der Zwischenzeit für die **Füllung** die Zwiebel und den Knoblauch schälen, sehr fein hacken und im heißen Öl anschwitzen.
- Die Champignons mit feuchtem Küchenkrepp reinigen und die Stiele einkürzen.

- Die Champignons in feine Scheiben schneiden und zur Zwiebel und zum Knoblauch in die Pfanne geben. Unter gelegentlichem Rühren so lange schmoren, bis die Champignons weich sind.
- Das Tomatenmark, den Essig und die Kräuter unterrühren. Nochmals 2 bis 3 Minuten schmoren, dann die Sojasahne unterziehen und die Füllung herzhaft mit Salz und Pfeffer abschmecken. Vor der Weiterverwendung etwas abkühlen lassen.
- Den Hefeteig in vier Portionen teilen. Jede Portion auf der gut bemehlten Arbeitsfläche zu einem gut 0,5 Zentimeter dicken Fladen ausrollen.
- Zum Füllen der Fladen jeweils die eine Hälfte des Teigfladens mit einem Viertel der Füllung bestreichen, dabei einen gut 1 Zentimeter breiten Rand aussparen.
- Die andere Fladenhälfte darüberklappen und den Rand gut (zum Beispiel mit den Zinken einer Gabel) zusammendrücken.
- Die Teigtaschen nochmals gut 10 Minuten gehen lassen.
- Danach die Teigtaschen vorsichtig auf den Rost oder die Grillplatte geben und unter drei- bis viermaligem Wenden so lange grillen, bis die Teigumhüllung schön knusprig und leicht gebräunt ist.

Fougasse – provenzalische Fladenbrote

für 4 Fladenbrote

350 g Weizenmehl (Type 1050)
150 g Weizenvollkornmehl
1 – 2 TL Meersalz
2 EL getrocknete Kräuter der Provence
1 Würfel frische Hefe (42 g)
1 TL Roh-Rohrzucker
etwa 270 ml lauwarmes Wasser
15 entkernte schwarze Oliven
4 EL Olivenöl
1 TL mildes Paprikapulver
1 TL scharfes Paprikapulver
Weizenmehl für die Arbeitsfläche

- In einer großen Schüssel das Mehl mit dem Salz und den getrockneten Kräutern vermischen.
- In der Mitte des Mehls eine Mulde ausformen und die (mit den Fingerspitzen oder den Zinken einer Gabel) zerkrümelte Hefe sowie den Zucker hineingeben.
- 50 Milliliter vom Wasser auf die Hefe und den Zucker gießen und so lange vorsichtig in der Mulde verrühren, bis sich die Hefe aufgelöst hat.
- Vom Mehlgemisch 3 Esslöffel Mehl zur Hefe geben und kurz unterrühren.
- Die Schüssel mit einem Geschirrtuch abdecken und den in der Mulde angerührten Vorteig 15 bis 20 Minuten gehen lassen.
- In der Zwischenzeit die Oliven in feine Scheiben schneiden.
- Die Oliven sowie das Öl und Paprikapulver zum Vorteig geben und vermischen. Nun alles von der Mitte her zu einem homogenen Teig verkneten. Dabei das restliche Wasser in kleinen Portionen hinzufügen.
- So lange kneten, bis der Teig geschmeidig ist und nicht mehr am Schüsselrand oder Schüsselboden klebt.
- Die Schüssel wiederum abdecken und den Teig an einem warmen Ort 50 bis 60 Minuten gehen lassen.

- Den Teig in vier Portionen teilen. Jede Portion auf der gut bemehlten Arbeitsfläche zu einem länglichen Fladen von etwa 1 Zentimeter Dicke ausrollen.
- Die Fladen jeweils auf der linken und rechten Seite vier Mal schräg einschneiden, sodass eine Art »Fischgrätmuster« entsteht. Die Einschnittöffnungen mit den Fingern etwas auseinanderziehen.
- Die Fladen nochmals etwa 15 Minuten gehen lassen.
- Die Fladen auf den Rost geben und kurz von beiden Seiten grillen, bis sie schön aufgegangen und gebräunt sind.

Tipp:
Die provenzalischen Fladenbrote schmecken am besten, wenn man sie direkt heiß vom Grill genießt. Besonders authentisch werden sie, wenn man als Salz das hochwertige »Fleur de sel« verwendet.
Wer die Fladen gern besonders knusprig liebt, der kann sie vor dem Grillen auf beiden Seiten mit reichlich Olivenöl bestreichen.

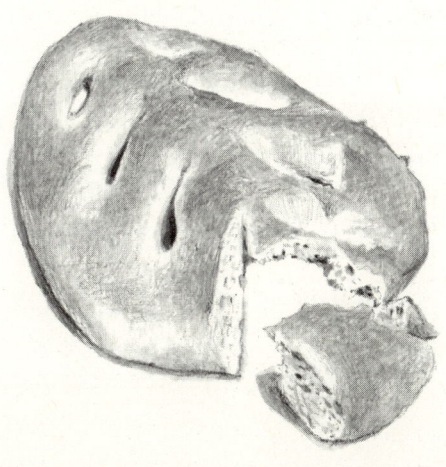

Gefüllte Zwiebel-Fladenbrote

für 2 Fladenbrote

Für die Zwiebelfüllung:
3 mittelgroße Zwiebeln (etwa 400 g)
2 – 3 Knoblauchzehen
2 – 3 EL Olivenöl
1 TL Roh-Rohrzucker
1 ½ EL weißer Balsamessig
2 EL fein gehackter Thymian
Meersalz
frisch gemahlener weißer Pfeffer

Für den Teig:
500 g Weizenmehl (Type 1050)
1 TL Meersalz
1 Würfel frische Hefe (42 g)
1 TL Roh-Rohrzucker
etwa 260 ml lauwarmes Wasser
2 EL Olivenöl
Weizenmehl für die Arbeitsfläche

- Für die **Zwiebelfüllung** die Zwiebeln und den Knoblauch schälen, fein hacken, dann im heißen Öl anschwitzen.
- Den Zucker unterrühren und so lange schmoren, bis die Zwiebeln und der Knoblauch weich sind.
- Den Essig und Thymian hinzufügen und nochmals 2 bis 3 Minuten schmoren.
- Die Zwiebelfüllung herzhaft mit Salz und Pfeffer abschmecken. Danach abkühlen lassen.
- Für den **Teig** das Mehl mit dem Salz vermischen.
- In der Mitte des Mehls eine Mulde ausformen. Die Hefe hineingeben und mit zum Beispiel den Zinken einer Gabel zerkrümeln.

o Den Zucker und 50 Milliliter vom Wasser zur Hefe geben. So lange in der Mulde verrühren, bis die Hefe sich aufgelöst hat. 3 bis 4 Esslöffel vom Mehl zur Hefe geben und den Vorteig in der Schüssel abgedeckt an einem warmen Ort etwa 15 Minuten gehen lassen.

o Das Öl zum Vorteig geben und alles von der Mitte her verrühren.

o Das verbliebene Wasser in kleinen Portionen hinzufügen und alles zu einem glatten Teig verkneten, der nicht mehr am Schüsselboden oder Schüsselrand klebt.

o Den Teig abgedeckt an einem warmen Ort 30 bis 40 Minuten gehen lassen.

o Den Teig in vier Portionen teilen und auf der gut bemehlten Arbeitsfläche zu vier etwa 0,5 Zentimeter dicken und gleich großen Fladen ausrollen.

o Die Zwiebelfüllung auf zwei Fladen verteilen, dabei jeweils einen Rand von etwa 1 Zentimeter aussparen.

o Die zwei verbliebenen Fladen daraufgeben und die Ränder fest zusammendrücken.

o Die Fladen nochmals etwa 10 Minuten gehen lassen.

o Die Fladen auf den Rost setzen und bei nicht allzu hoher Temperatur so lange grillen, bis sie deutlich aufgegangen und außen knusprig sind. Dabei zwei- bis dreimal vorsichtig wenden.

Tipp:
Etwas einfacher lassen sich die Fladen auf dem Grill handhaben, wenn Sie anstelle von vier großen Fladen acht kleinere ausrollen und vier davon wie beschrieben mit der Füllung versehen.

Die Fladen schmecken auch »pur« ganz ausgezeichnet. Falls Sie das Rezept ohne die Füllung zubereiten möchten, verwenden Sie etwa 1 Teelöffel mehr Salz und formen Sie entweder vier mittelgroße oder acht kleine Fladen aus, die Sie danach ebenfalls nochmals 10 Minuten gehen lassen.

Den Teig für die Fladen ohne Füllung können Sie nach Belieben, zum Beispiel mit 4 bis 5 Esslöffel fein gehackten Gartenkräutern (Schnittlauch, Petersilie, Kerbel, Estragon oder Basilikum, Thymian, Oregano, Rosmarin) oder 4 bis 5 Esslöffel Röstzwiebeln, verfeinern.

Knabberkekse mit Mohn und Sesam

für 15 – 16 Knabberkekse

250 g Weizenmehl (Type 1050)
3 EL Mohnsamen
3 EL geschälte Sesamsamen
2 TL Backpulver
1 – 1 ½ TL Meersalz
1 TL mildes Paprikapulver
1 TL gemahlene Kurkuma
3 – 4 MSP frisch gemahlener weißer Pfeffer
5 EL Olivenöl
100 – 110 ml Wasser
Weizenmehl für die Arbeitsfläche

- Die trockenen Zutaten miteinander verrühren.
- Das Öl hinzufügen und unterrühren.
- Das Wasser in kleinen Portionen unterkneten, sodass ein geschmeidiger, aber relativ fester Teig entsteht.
- Den Teig zur Kugel ausformen, in Frischhaltefolie einschlagen und dann 30 Minuten im Kühlschrank ruhen lassen.
- Den Teig auf der gut bemehlten Arbeitsfläche etwa 3 Millimeter dünn ausrollen und mit einem umgedrehten Wasserglas Kekse ausstechen.
- Die Kekse auf dem Grillrost so lange bei nicht allzu hoher Temperatur unter mehrmaligem Wenden grillen, bis sie außen leicht gebräunt und knusprig sind.

Tipp:
Die Kekse schmecken lecker als kleiner Aperitif, können allerdings auch wie Cracker mit zum Beispiel der Knoblauch-Kräuter-Creme von Seite 148, der Oliven-Mandel-Creme von Seite 150 oder der Tomatencreme von Seite 151 bestrichen werden.
Reste der Knabberkekse halten sich in einer verschlossenen Keksdose gut 1 Woche.

Knusprige Brotspieße

für 8 Brotspieße

150 g Weizenvollkornmehl
150 g Weizenmehl (Type 1050)
2 EL Brotgewürz (gemahlener Koriander, Kümmel, Fenchel, Anis)
1 Päckchen Trockenhefe
1 ½ TL Meersalz
3 EL Olivenöl
etwa 190 ml lauwarmes Wasser
8 Holzspieße
Olivenöl zum Bestreichen

o Das Mehl mit dem Brotgewürz, der Hefe, dem Salz und Öl verrühren.
o Unter Kneten in kleinen Portionen das Wasser hinzufügen. So lange kneten, bis der Teig geschmeidig ist und nicht mehr am Schüsselboden oder Schüsselrand klebt.
o Den Teig abgedeckt an einem warmen Ort etwa 30 Minuten gehen lassen.
o Den Teig achteln. Aus den Teigachteln mit gut bemehlten Händen Röllchen ausformen, die fast so lang wie die Holzspieße sind. (Es sollte noch ein Stück des Spießes frei bleiben, damit Sie ihn gut anfassen können.)
o Die Röllchen vorsichtig der Länge nach aufspießen und nochmals gut an die Spieße drücken.
o Die Brotspieße von allen Seiten mit reichlich Öl bestreichen und nochmals 10 Minuten gehen lassen.
o Die Brotspieße auf den sehr gut geölten Rost oder in die sehr gut geölte Grillschale geben und unter mehrmaligem vorsichtigen Wenden schön braun und knusprig grillen.
o Noch heiß, das heißt frisch vom Grill, genießen.

Mexikanische Maismehlfladen

für 8 Maismehlfladen

1 rote Zwiebel
2 Knoblauchzehen
¼ – ½ rote entkernte Peperoni
3 – 4 EL Olivenöl
2 Tomaten
250 g Weizenmehl (Type 1050)
150 g Maismehl
2 TL Backpulver
1 TL Backnatron
1 – 2 TL Meersalz
1 TL mildes Paprikapulver
2 EL Weißweinessig
2 EL fein gehackter Oregano
etwa 110 ml Sojadrink oder Reisdrink
6 EL Maismehl zum Wälzen (40 g)

- Die geschälte Zwiebel, die geschälten Knoblauchzehen und die Peperoni sehr fein hacken und in 1 bis 2 Esslöffeln Öl anschwitzen. Danach etwas abkühlen lassen.
- Die Tomaten fein würfeln.
- Das Mehl, Backpulver, Backnatron, Salz und Paprikapulver in einer Schüssel vermischen.
- Den Essig, 2 Esslöffel Öl und den Oregano unterrühren.
- Die Tomatenwürfel, Zwiebel, Knoblauchzehen und Peperoni hinzufügen und ebenfalls unterrühren. Den Sojadrink in kleinen Portionen hinzufügen und alles zu einem glatten Teig verkneten.
- Den Teig abgedeckt etwa 15 Minuten ruhen lassen.
- Den Teig achteln und mit den Händen acht Fladen formen.
- Die Fladen von beiden Seiten im Maismehl wälzen. Eventuell überschüssiges Mehl danach abklopfen.
- Die Fladen auf dem Rost von beiden Seiten knusprig grillen, wobei sie ein wenig aufgehen. Während des Grillens drei- bis viermal wenden.

Nordisches Röstbrot

1 kleine Frühlingszwiebel
1 Knoblauchzehe
4 kleine Cornichons
60 g streichfähige, hochwertige Pflanzenmargarine
2 EL fein gehackter Schnittlauch
2 EL fein gehackter Dill
1 TL mittelscharfer Senf
Meersalz
frisch gemahlener weißer Pfeffer
5 Scheiben Pumpernickel

○ Die Frühlingszwiebel, geschälte Knoblauchzehe und Cornichons im Universalzerkleinerer oder im Mixbehälter der Küchenmaschine fein hacken. Danach mit der Margarine verrühren.

○ Den Schnittlauch, Dill und Senf unterrühren und herzhaft mit Salz und Pfeffer abschmecken.

○ Vier Scheiben Pumpernickel mit der angemachten Margarine bestreichen und aufeinanderlegen.

○ Die fünfte Scheibe Pumpernickel als Deckel auflegen. Die Scheiben mit leichtem Druck ein wenig zusammenpressen, damit sie nicht auseinanderfallen. Danach in vier Stücke schneiden, sodass vier Pumpernickeltürmchen entstehen.

○ Die Pumpernickeltürmchen auf den Rost oder auf die Grillplatte geben. So lange grillen, bis die unterste Brotscheibe knusprig ist.

○ Dann vorsichtig wenden und nochmals so lange auf dem Grill belassen, bis auch die nun unten liegende Scheibe knusprig und die Füllung ein wenig geschmolzen ist.

Tipp:
Um ein Auseinanderfallen der Türmchen zu verhindern, können Sie sie jeweils mit einem Zahnstocher fixieren.

Pizzaschnecken

für etwa 10 Pizzaschnecken

400 g Weizenmehl (Type 1050)
1 – 2 TL Meersalz
2 TL Trockenhefe
2 EL Olivenöl
2 EL fein gehackter Oregano
etwa 190 ml lauwarmes Wasser

Für den Belag:
1 Zwiebel
1 – 2 Knoblauchzehen
140 g Tomatenmark
4 EL Sojasahne oder Hafersahne
2 EL Olivenöl
2 EL Hefeflocken
1 EL getrocknetes Pizzagewürz
1 EL weißer Balsamessig
Meersalz
frisch gemahlener schwarzer Pfeffer
Olivenöl zum Bestreichen

- Das Mehl mit dem Salz und der Hefe vermischen.
- Das Öl und den Oregano unterrühren.
- Beim Kneten des Teiges nun in kleinen Portionen das Wasser hinzufügen. So lange kneten, bis der Teig geschmeidig ist und nicht mehr am Schüsselrand oder Schüsselboden klebt.
- Den Teig abgedeckt an einem warmen Ort 30 bis 40 Minuten gehen lassen.
- In der Zwischenzeit für den **Belag** die Zwiebel und den Knoblauch schälen, sehr fein hacken und mit den verbliebenen Zutaten zu einer glatten Creme verrühren. Herzhaft mit Salz und Pfeffer würzen.
- Den Teig auf Backpapier zu einem etwa 30 Zentimeter langen Rechteck ausrollen.

- Den Belag dünn auf dem Teig verstreichen.
- Den Teig von einer der langen Seiten aus zu einer Rolle zusammenrollen. Die Nahtstelle gut andrücken.
- Die Teigrolle nun in etwa 3 Zentimeter breite Stücke schneiden.
- Die Teigstücke mit den Händen ein wenig abflachen, sodass die typischen »Schneckenformen« entstehen. Von beiden Seiten mit etwas Öl bestreichen und nochmals etwa 10 Minuten gehen lassen.
- Die Pizzaschnecken auf den gut geölten Rost oder die gut geölte Grillplatte geben und bei nicht allzu hoher Temperatur, am besten mit aufgelegtem Deckel, etwa 20 Minuten fertig grillen. Dabei zwei- bis dreimal vorsichtig wenden.

Tipp:
Anstelle des Weizenmehls können Sie auch Dinkelmehl (Type 630) verwenden.

Schnelles Fladenbrot

für 4 Fladenbrote

500 g Weizenmehl (Type 1050)
1 Päckchen Backpulver
1 ½ – 2 TL Meersalz
3 EL Olivenöl
2 EL Weißweinessig
etwa 250 ml Sojadrink oder Reisdrink
Weizenmehl für die Arbeitsfläche
4 – 5 EL Olivenöl zum Bestreichen

- Das Mehl mit dem Backpulver und Salz vermischen.
- Das Öl und den Essig unterrühren.
- Den Sojadrink in kleinen Portionen hinzufügen und alles zu einem glatten, geschmeidigen Teig verkneten.
- Den Teig in vier Portionen teilen. Die Teigstücke auf der gut bemehlten Arbeitsfläche zu vier gut 0,5 Zentimeter dicken Fladen ausrollen.
- Die Fladen von beiden Seiten mit dem Öl bestreichen.
- Die Fladen auf dem Rost unter mehrmaligem Wenden so lange grillen, bis sie außen schön gebräunt und leicht knusprig sind.
- Die Brotfladen gehen während des Grillens ein wenig auf. Noch heiß vom Grill servieren.

Würzige Bierknorren

für 8 Bierknorren

400 g Dinkelvollkornmehl
1 Päckchen Trockenhefe
1 – 1 ½ TL Meersalz
1 TL mildes Paprikapulver
4 – 5 MSP gemahlener Kümmel
4 – 5 MSP frisch gemahlener schwarzer Pfeffer
3 EL Rapsöl
2 TL mittelscharfer Senf
etwa 225 ml zimmerwarmes (alkoholfreies) Bier
Dinkelvollkornmehl für die Arbeitsfläche

- Die trockenen Zutaten in einer Schüssel vermischen.
- In der Mitte der Mehlmischung eine Mulde ausformen und das Öl sowie den Senf hineingeben. Von der Mitte her mit dem Mehlgemisch verrühren.
- Das Bier in kleinen Portionen hinzufügen und so lange kneten, bis der Teig geschmeidig ist und nicht mehr am Schüsselboden oder Schüsselrand klebt.
- Den Teig abgedeckt an einem warmen Ort etwa 60 Minuten gehen lassen.
- Den Teig in acht Stücke teilen.
- Jedes Stück auf der gut bemehlten Arbeitsfläche zu einer Teigstange von etwa 20 Zentimeter Länge ausformen.
- Die Teigstangen in Längsrichtung vorsichtig um sich selbst verdrehen, sodass sie wie ein knorriger Ast aussehen.
- Die Teigknorren nochmals 10 bis 15 Minuten gehen lassen.
- Die Bierknorren auf dem Rost unter mehrmaligem Wenden von allen Seiten grillen, bis sie schön knusprig sind.

Tipp:
Falls Sie Bier nicht mögen, können Sie dieses durch zimmerwarme Gemüsebrühe ersetzen und etwas weniger Salz zum Würzen des Teigs verwenden.

Dips und Saucen
Sauce gut, alles gut!

Ein fruchtiges Chutney, würzige Saucen, cremige Dips und selbst angerührte Mayonnaise sind die kulinarischen i-Tüpfelchen auf Veggie-Burgern, Spießen und Co. Denn erst mit der richtigen Grillsauce werden die heißen Köstlichkeiten vom Grill perfekt abgerundet. Frei nach dem Grill-Motto: Sauce gut, alles gut!

Aprikosenchutney

für etwa 600 ml Aprikosenchutney

2 Zwiebeln
2 Knoblauchzehen
1 walnussgroße Stück Ingwer
¼ entkernte rote Peperoni
2 – 3 EL Olivenöl
500 g Aprikosen
4 EL Roh-Rohrzucker
2 TL Meersalz
100 ml weißer Balsamessig
2 Zweige Zitronenthymian
frisch gemahlener weißer Pfeffer

o Die geschälten Zwiebeln, den geschälten Knoblauch, Ingwer und die Peperoni fein hacken. Danach zusammen im heißen Öl anschwitzen.
o Die Aprikosen entkernen und fein würfeln. Zum Zwiebelgemüse in den Topf geben und ebenfalls kurz anschwitzen.
o Den Zucker und das Salz hinzufügen und so lange rühren, bis sich der Zucker aufgelöst hat.
o Den Essig und die von den Stängeln abgezupften Blättchen des Zitronenthymians hinzufügen und das Chutney etwa 30 Minuten unter gelegentlichem Rühren köcheln lassen.
o Mit etwas Pfeffer abschmecken.
o Das Chutney in zwei frisch gespülte und mit kochend heißem Wasser ausgespülte Gläser mit Twist-off-Deckeln füllen. Die Deckel aufsetzen und fest andrehen.
o Die Gläser etwa 5 Minuten auf den Kopf stellen, dann umdrehen und das Chutney abkühlen lassen.

Tipp:
Ungeöffnet hält sich das Chutney im Kühlschrank mindestens 6 bis 8 Wochen. Geöffnete Gläser sollten im Kühlschrank aufbewahrt und innerhalb von 3 bis 4 Tagen verbraucht werden.

Fruchtige Barbecue-Sauce

für etwa 800 ml Barbecue-Sauce

85 g getrocknete Tomaten
400 ml kochend heißes Wasser
1 Zwiebel
2 Knoblauchzehen
1 haselnussgroßes Stück Ingwer
2 – 3 EL Rapsöl
10 entsteinte Trockenpflaumen
⅓ TL gemahlener Zimt
3 MSP gemahlener Kreuzkümmel
3 MSP gemahlener Koriander
2 EL Rotweinessig
500 g passierte Tomaten
3 – 4 Spritzer vegane Worcestersauce
Meersalz
rote Chilisauce

- Die Tomaten mit dem heißen Wasser übergießen und 15 Minuten darin quellen lassen.
- Die Tomaten in einen Durchschlag geben und das Einweichwasser auffangen.
- Die Zwiebel, den Knoblauch und Ingwer schälen, grob hacken und in einem Topf im heißen Öl anschwitzen.
- Die Trockenpflaumen und abgetropften Tomaten grob würfeln und zur Zwiebel, zum Knoblauch und Ingwer in den Topf geben.
- 150 Milliliter vom Einweichwasser hinzufügen und alles etwa 15 Minuten unter gelegentlichem Rühren köcheln lassen.

○ Den Zimt, Kreuzkümmel, Koriander und Essig hinzufügen.

○ Die Tomaten-Pflaumen-Mischung mit dem Pürierstab so lange pürieren, bis eine glatte Creme entstanden ist.

○ Die passierten Tomaten hinzufügen und die Sauce kurz zum Kochen bringen. Die Temperatur deutlich reduzieren und alles nochmals unter gelegentlichem Rühren gut 10 Minuten köcheln lassen.

○ Mit der Worcestersauce würzen und mit Salz und Chilisauce abschmecken.

○ Die Barbecue-Sauce in gründlich gespülte und mit kochend heißem Wasser ausgespülte Gläser oder eine Glasflasche mit Twist-off-Deckel umfüllen und abkühlen lassen.

Tipp:
Im Kühlschrank hält sich die Sauce 4 bis 5 Tage. Sie kann daher gut vorab zubereitet werden.

Curry-Bananen-Dip

1 kleine Zwiebel
1 haselnussgroßes Stück Ingwer
1 Knoblauchzehe
1 EL Rapsöl
2 Bananen
2 EL frisch gepresster Zitronensaft
150 ml Sojasahne oder Hafersahne
1 TL Ahornsirup
2 TL mildes Currypulver
1 TL gemahlene Kurkuma
1 – 2 EL fein gehacktes Koriandergrün
Meersalz
frisch gemahlener weißer Pfeffer

o Zwiebel, Ingwer und Knoblauch schälen, grob hacken und im heißen Öl anschwitzen.

o Die Zwiebel, den Ingwer und Knoblauch aus der Pfanne nehmen und zusammen mit den geschälten und in Scheiben geschnittenen Bananen und dem Zitronensaft in ein hochwandiges Rührgefäß geben.

o Mit dem Pürierstab zu einer glatten Creme verarbeiten.

o Die Sojasahne und den Ahornsirup hinzufügen und nochmals kurz pürieren.

o Das Currypulver, die Kurkuma und das Koriandergrün unterrühren.

o Den Curry-Bananen-Dip mit etwas Salz und Pfeffer abschmecken.

o Vor dem Servieren etwa 10 Minuten abgedeckt im Kühlschrank ziehen lassen.

Tipp:
Falls Sie kein Koriandergrün mögen, können Sie dieses durch fein gehackte glatte Petersilie ersetzen.

Hausgemachte Mayonnaise

250 ml ungesüßter Sojadrink
200 ml Sonnenblumenöl
1 – 2 EL frisch gepresster Zitronensaft
1 EL mittelscharfer Senf
1 – 1 ½ TL Meersalz
1 TL Johannisbrotkernmehl
1 TL gemahlene Kurkuma (falls gewünscht)

○ Den Sojadrink in ein hochwandiges Rührgefäß geben.
○ Das Öl in einem dünnen Strahl dazugießen, dabei den **Pürierstab** ohne Unterbrechung laufen lassen. So lange bearbeiten, bis die Flüssigkeit etwas eindickt.
○ Die verbliebenen Zutaten hinzufügen und nochmals 1 bis 2 Minuten mit dem Pürierstab bearbeiten.
○ Die Mayonnaise in ein verschließbares Gefäß umfüllen und mindestens 60 Minuten im Kühlschrank ruhen lassen. Während der Ruhezeit wird die Mayonnaise noch etwas fester.

Tipp:
Da diese Mayonnaise kein Eigelb enthält, kann sie problemlos bereits am Vortag zubereitet werden. Abgedeckt im Kühlschrank hält sie sich 4 bis 5 Tage.
Die Kurkuma, die auch Gelbwurz genannt wird, dient dazu, der Mayonnaise eine goldgelbe Farbe zu verleihen. Wenn Sie eine hellere Mayonnaise vorziehen, können Sie auf die Kurkuma verzichten.

Knoblauch-Kräuter-Creme

3 – 4 Knoblauchzehen (falls erwünscht, auch mehr)
150 g streichfähige, hochwertige Pflanzenmargarine
5 EL fein gehackte glatte Petersilie
1 EL frisch gepresster Zitronensaft
4 – 5 MSP abgeriebene Zitronenschale
½ TL Meersalz
3 – 4 MSP frisch gemahlener weißer Pfeffer

- Den Knoblauch schälen, sehr fein hacken und in 1 bis 2 Esslöffel von der Margarine anschwitzen.
- Vor der Weiterverwendung abkühlen lassen.
- Die verbliebene Margarine mit dem angeschwitzten Knoblauch und den anderen Zutaten vermengen.
- Die Knoblauch-Kräuter-Creme vor dem Servieren 15 Minuten im Kühlschrank ziehen lassen und dann zum Beispiel zu Crostini (Rezept siehe Seite 125) oder frisch zubereitetem Fladenbrot (Rezepte siehe Seite 140 oder 130 bis 133) genießen.

Tipp:
Die Knoblauch-Kräuter-Creme kann auch dazu genutzt werden, Gemüse auf dem Grill zu bestreichen.

Mandel-Aioli

150 g Mandeln
300 ml kochend heißes Wasser
125 ml kaltes Wasser
3 – 4 Knoblauchzehen
Saft einer halben Zitrone
5 EL Olivenöl
2 – 3 EL Rapsöl
Meersalz
frisch gemahlener weißer Pfeffer

o Die Mandeln mit dem heißen Wasser übergießen und 15 bis 20 Minuten darin ziehen lassen.
o Danach das Wasser abgießen und die Häutchen von den Mandeln abziehen.
o Das kalte Wasser zu den Mandeln geben und diese abgedeckt 2 bis 3 Stunden quellen lassen.
o Die Mandeln und das Wasser im Mixbehälter der Küchenmaschine oder mit dem Pürierstab zu einer glatten Creme verarbeiten.
o Die geschälten und grob zerkleinerten Knoblauchzehen, den Zitronensaft und das Öl hinzufügen und nochmals gründlich pürieren.
o Das Mandel-Aioli herzhaft mit Salz und Pfeffer abschmecken.
o Vor dem Servieren abgedeckt 15 Minuten im Kühlschrank ziehen lassen.

Tipp:
Abgedeckt im Kühlschrank hält sich das Mandel-Aioli 3 bis 4 Tage.

Oliven-Mandel-Creme

85 g Mandeln
4 kleine Zweige Zitronenthymian
250 g entkernte grüne Oliven
Saft und Schale einer halben unbehandelten Zitrone
5 EL Olivenöl
3 – 4 EL fein gehackte glatte Petersilie
frisch gemahlener weißer Pfeffer

- Die Mandeln in der trockenen Pfanne kurz anrösten, bis sie duften.
- Die Mandeln abkühlen lassen, dann in der Küchenmaschine mittelfein zerkleinern und in eine Schüssel geben.
- Die Thymianblättchen von den Stängeln zupfen und mit den Oliven in den Mixbehälter der Küchenmaschine geben. Alles mittelfein zerkleinern.
- Den Thymian und die Oliven zu den zerkleinerten Mandeln geben und vermischen.
- Den Zitronensaft und die Zitronenschale, das Öl und die Petersilie unterrühren.
- Die Oliven-Mandel-Creme mit Pfeffer abschmecken und vor dem Servieren 15 Minuten abgedeckt im Kühlschrank ziehen lassen.

Tipp:
Falls kein Zitronenthymian zur Hand ist, können Sie ihn durch 2 bis 3 Zweige normalen Thymian ersetzen.

Tomatencreme

8 getrocknete Tomaten
200 ml kochend heißes Wasser
100 g streichfähige, hochwertige Pflanzenmargarine
1 – 2 Knoblauchzehen
1 kleiner Zweig Rosmarin
½ TL mildes Paprikapulver
Meersalz
frisch gemahlener weißer Pfeffer

- Die getrockneten Tomaten mit dem Wasser übergießen und 15 bis 20 Minuten darin ziehen lassen.
- Die getrockneten Tomaten abgießen, dabei 5 Esslöffel vom Einweichwasser auffangen.
- Die Tomaten mit dem aufgefangenen Einweichwasser und der Margarine in ein hochwandiges Rührgefäß geben und mit dem Pürierstab zu einer feinen Creme pürieren.
- Die geschälten und in Scheiben geschnittenen Knoblauchzehen und die vom Stängel abgezupften Rosmarinblättchen sowie das Paprikapulver hinzufügen und nochmals pürieren.
- Die Tomatencreme herzhaft mit Salz und Pfeffer abschmecken.

Tipp:
Die Tomatencreme schmeckt vorzüglich auf knusprig gegrilltem Baguette. Sie kann jedoch auch dazu genutzt werden, ein Fladenbrot zu füllen. Dazu das Fladenbrot aufschneiden, die untere Hälfte mit der Tomatencreme bestreichen und die obere Hälfte auflegen. Das gefüllte Brot kurz von beiden Seiten auf dem Rost grillen, bis die Tomatencreme zu verlaufen beginnt und das Brot knusprig ist.

Tomaten-Gewürz-Ketchup

für gut 600 ml Ketchup

1 kg vollreife Tomaten
900 ml kochend heißes Wasser
1 rote Zwiebel
1 gelbe Zwiebel
2 Knoblauchzehen
1 walnussgroßes Stück Ingwer
½ rote entkernte Peperoni
2 – 3 EL Rapsöl
2 große rote Paprikaschoten
4 EL Roh-Rohrzucker (50 g)
75 ml Rotweinessig
1 großes Lorbeerblatt
½ TL Senfkörner
4 Wacholderbeeren
3 Gewürznelken
⅓ Zimtstange
2 – 3 TL Meersalz (falls erwünscht, auch mehr)
rote Chilisauce

- Die Tomaten an den Stielansätzen kreuzförmig einritzen, in eine große Schüssel geben und mit dem Wasser übergießen. Gut 5 Minuten im Wasser belassen.
- Danach das Wasser abgießen. Die Tomaten enthäuten und würfeln.
- Die beiden Zwiebeln, den Knoblauch, und den Ingwer schälen, ebenso wie die Peperoni mittelfein hacken und im heißen Öl anschwitzen.
- Die Paprika würfeln, zum Zwiebelgemüse in den Topf geben und ebenfalls kurz anschwitzen.
- Den Zucker hinzufügen und bei hoher Temperatur unter Rühren etwas karamellisieren lassen. Mit dem Essig ablöschen.
- Die Temperatur deutlich reduzieren und die Tomatenwürfel sowie das Lorbeerblatt hinzufügen.

o Die Senfkörner, Wacholderbeeren, Gewürznelken und Zimtstange in ein Gewürzsieb oder Tee-Ei geben. Die Zimtstange, falls notwendig, noch etwas zerkleinern.

o Die Tomatenzubereitung mit den Gewürzen etwa 30 Minuten unter gelegentlichem Rühren köcheln lassen.

o Das Gewürzsieb und das Lorbeerblatt entfernen.

o Die Tomatenzubereitung mit dem Pürierstab fein pürieren. Danach durch eine Passiermühle (»Flotte Lotte«) oder ein Passiersieb streichen.

o Den Ketchup zurück in den Topf geben und das Salz hinzufügen.

o Unter gelegentlichem Rühren 10 bis 15 Minuten auf die gewünschte Konsistenz einkochen lassen.

o Mit der Chilisauce abschmecken.

o Den Tomaten-Gewürz-Ketchup in frisch gespülte und mit kochend heißem Wasser ausgespülte Gläser oder Glasflaschen mit Twist-off-Deckeln füllen und abkühlen lassen.

Tipp:
Der Tomaten-Gewürz-Ketchup hält sich im Kühlschrank 1 knappe Woche.

Zigeunersauce

für gut 600 ml Sauce

1 rote Zwiebel
1 – 2 Knoblauchzehen
2 – 3 EL Olivenöl
1 kleine rote Paprikaschote
1 kleine gelbe Paprikaschote
1 kleine grüne Paprikaschote
2 EL Weizenmehl (Type 1050)
350 ml Wasser oder abgekühlte Gemüsebrühe
140 g Tomatenmark
4 EL gegarter Gemüsemais
1 EL roter Balsamessig
1 ½ TL mildes Paprikapulver
½ – 1 TL scharfes Paprikapulver
Meersalz

o Die Zwiebel und den Knoblauch schälen, fein hacken und im heißen Öl anschwitzen.
o Die Paprika fein würfeln und zur Zwiebel und zum Knoblauch in den Topf geben.
o Dann so lange unter gelegentlichem Rühren schmoren, bis das Paprikagemüse weich ist.
o Das Paprikagemüse mit dem Mehl überstäuben, dann das Mehl unterrühren.
o Das Wasser oder die Gemüsebrühe dazugießen, alles gründlich verrühren und zum Kochen bringen.
o Die Sauce 1 bis 2 Minuten kochen. Dann die Temperatur reduzieren und das Tomatenmark, den Gemüsemais, Essig und das Paprikapulver unterrühren.
o Die Sauce nochmals 3 bis 4 Minuten unter gelegentlichem Rühren köcheln lassen.
o Vor dem Servieren herzhaft mit Salz abschmecken.

Zwiebel-Curry-Sauce

5 große Zwiebeln (etwa 700 g)
2 – 3 EL Olivenöl
2 TL Meersalz
2 TL Roh-Rohrzucker
2 – 3 TL mildes Currypulver
1 EL Sherry-Essig
140 g Tomatenmark
300 ml passierte Tomaten
2 EL fein gehacktes Koriandergrün
2 EL fein gehackte glatte Petersilie
Meersalz

○ Die Zwiebeln schälen und halbieren. Danach in feine Halbmonde schneiden.

○ Das Öl erhitzen und die Zwiebeln darin kurz scharf anbraten. Das Salz und den Zucker hinzufügen und die Temperatur deutlich reduzieren.

○ Die Zwiebeln unter gelegentlichem Rühren etwa 30 Minuten köcheln lassen, bis sie sehr weich sind und zu zerfallen beginnen.

○ Das Currypulver, den Essig, das Tomatenmark und die passierten Tomaten unterrühren.

○ Die Sauce kurz zum Kochen bringen, dann die Temperatur wieder reduzieren und alles nochmals gut 5 Minuten köcheln lassen.

○ Das Koriandergrün und die Petersilie unterrühren und die Sauce mit Salz abschmecken.

Tipp:
Die Zwiebel-Curry-Sauce schmeckt entweder heiß oder auch abgekühlt.
Falls Sie kein Koriandergrün mögen, können Sie dieses durch 2 zusätzliche Esslöffel fein gehackte glatte Petersilie ersetzen.

Salate und Beilagen
Die perfekten Partner

Vieles hat sich im Laufe der Zeit beim Grillen verändert, eins ist jedoch geblieben: Frische Salate und eine Auswahl an passenden Beilagen gehören zu einem zünftigen Grillvergnügen wie der Grill, der Rost und das Familienrezept für den Kartoffelsalat. Wer in Sachen Kartoffelsalat einmal »fremdgehen« möchte oder Appetit auf Abwechslung in den Salatschüsseln hat, der darf sich bei den folgenden Rezepten bestens aufgehoben fühlen.

Ananas süßsauer

1 Ananas

Für die Marinade:
2 – 3 EL Sesamöl
2 EL Ketjap Manis (süße indonesische Sojasauce)
1 EL Sojasauce
1 EL Sherry-Essig
2 TL mildes Paprikapulver
3 MSP gemahlener Koriander
3 MSP gemahlener Piment
frisch gemahlene Chiliflocken

o Die Ananas schälen, vierteln und den harten Strunk großzügig entfernen.
o Aus den übrigen Zutaten eine **Marinade** anrühren und mit Chiliflocken würzen.
o Die Marinade in eine flache Schüssel gießen und die Ananasviertel dazugeben.
o Die Ananas abgedeckt im Kühlschrank etwa 30 Minuten marinieren, dabei des Öfteren wenden.
o Die Ananasviertel auf den Rost, in die Grillschale oder auf die Grillplatte geben und von allen Seiten bei nicht allzu hoher Temperatur grillen, bis das Fruchtfleisch heiß und leicht gebräunt ist.

Bulgarischer Krautsalat

750 g Jaromakohl oder Weißkohl
2 große Karotten
1 – 2 TL feines Meersalz
1 große rote Paprikaschote
3 – 4 EL Olivenöl
2 – 3 EL Weißweinessig
5 EL fein gehackte glatte Petersilie
Meersalz
frisch gemahlener schwarzer Pfeffer
1 Tomate
6 – 7 schwarze Oliven

○ Den Kohl und die Karotten mittelfein raspeln und zusammen mit dem Salz in eine Schüssel geben.

○ 3 bis 4 Minuten mit dem Salz vermischen, dazu am besten die Hände verwenden. Der Kohl wird dadurch etwas weicher.

○ Die Paprika in feine Streifen schneiden und zusammen mit dem Öl und Essig zum Kohl und zu den Karotten geben.

○ Den Krautsalat mindestens 5 Stunden oder auch über Nacht abgedeckt im Kühlschrank ziehen lassen, wodurch er bekömmlicher wird.

○ Vor dem Servieren die Petersilie unterrühren und den Krautsalat mit Salz und Pfeffer abschmecken.

○ Zur Dekoration die Tomate in dünne Spalten schneiden und mit den entkernten und halbierten Oliven auf dem Salat verteilen.

Tipp:
Weil der Salat lange ziehen muss, lässt er sich prima am Vortag zubereiten. Deshalb und auch wegen seines vorzüglichen Geschmacks erweist er sich zudem als gelungenes kulinarisches Mitbringsel zur Grillparty.
Jaromakohl ist die Neuzüchtung einer alten Weißkohlsorte, die von der Form her deutlich flacher als normaler Weißkohl ist. Jaromakohl ist zart-mild und leicht süßlich im Geschmack. Außerdem ist er wesentlich bekömmlicher als normaler Weißkohl, sodass er sich besonders gut für die Verwendung in Rohkostsalaten eignet.

Bulgur-Cranberry-Salat

300 g Bulgur
500 ml Wasser
1 TL Meersalz
100 g Haselnusskerne
4 Frühlingszwiebeln
2 große Karotten
75 g getrocknete Cranberrys
2 – 3 große Salbeiblätter
5 EL fein gehackte glatte Petersilie
Saft einer Zitrone
Schale einer halben unbehandelten Zitrone
4 – 5 EL Olivenöl
1 EL Ahornsirup
Meersalz
frisch gemahlener weißer Pfeffer

○ Den Bulgur in ein feinmaschiges Sieb geben und kurz mit klarem Wasser abspülen.

○ Das Wasser mit dem Salz zum Kochen bringen. Den Bulgur unter Rühren einrieseln lassen und zum Kochen bringen. Die Temperatur reduzieren und den Bulgur unter gelegentlichem Rühren 3 bis 4 Minuten köcheln lassen. Den Topf vom Herd nehmen und den Bulgur ausquellen und abkühlen lassen.

○ Die Haselnusskerne in der trockenen Pfanne kurz anrösten, bis sie duften. Danach abkühlen lassen und grob hacken.

○ Die Frühlingszwiebeln in feine Scheiben schneiden. Die Karotten grob raspeln.

○ Den Bulgur mit den Haselnusskernen, Frühlingszwiebeln, Karotten und Cranberrys in eine Salatschüssel geben.

○ Die Salbeiblätter in feine Streifen schneiden und mit den verbliebenen Zutaten zu einem Dressing verrühren.

○ Das Dressing zum Salat geben und vorsichtig vermischen. Herzhaft mit Salz und Pfeffer abschmecken und abgedeckt 30 Minuten ziehen lassen.

○ Bei Bedarf nachwürzen.

Bunter Reissalat

für etwa 6 Portionen

275 g Natur- und Wildreismischung
1 TL Meersalz
etwa 600 ml Wasser
3 kleine Frühlingszwiebeln
2 Karotten
2 rote Paprikaschoten
5 – 6 EL Rapsöl
150 g frische grüne Erbsen
    (ersatzweise tiefgekühlt und aufgetaut)
150 g gegarter Gemüsemais
3 EL Weißweinessig
3 EL fein gehackte krause Petersilie
3 EL fein gehackter Schnittlauch
Meersalz
frisch gemahlener weißer Pfeffer

- Den Reis mit dem Salz und Wasser zum Kochen bringen. Die Temperatur deutlich reduzieren und den Reis unter gelegentlichem Rühren 25 bis 30 Minuten bissfest garen. Anschließend abkühlen lassen.
- Die Frühlingszwiebeln in feine Scheiben schneiden. Die Karotten und Paprika in feine Würfel schneiden.
- Die Frühlingszwiebeln, Karotten und Paprika in 2 Esslöffel heißem Öl kurz anschwitzen. Die Erbsen hinzufügen und nochmals 3 bis 4 Minuten schmoren, bis die Erbsen und der Rest des Gemüses bissfest gegart sind. Das Gemüse abkühlen lassen.
- Den Reis und das Gemüse in eine Salatschüssel geben. Mit dem Gemüsemais vermischen.
- Das verbliebene Öl, den Essig und die gehackten Kräuter zu einem Dressing verrühren. Vorsichtig mit dem Reissalat vermischen.
- Den Reissalat herzhaft mit Salz und Pfeffer würzen.
- Vor dem Servieren abgedeckt 20 Minuten ziehen lassen und, falls notwendig, mit noch etwas Salz nachwürzen.

Fruchtig würziger Auberginensalat

2 große Auberginen
5 – 7 EL Olivenöl
1 TL mildes Paprikapulver
Meersalz
frisch gemahlener weißer Pfeffer
2 kleine Zwiebeln
1 großer Apfel
15 kleine Cornichons
15 entkernte grüne Oliven
150 ml Sojasahne oder Hafersahne
Saft einer halben kleinen Zitrone
2 EL Rapsöl
2 EL fein gehackter Dill
2 – 3 EL fein gehackte glatte Petersilie

o Die Auberginen der Länge nach in dünne Scheiben schneiden.
o 4 bis 5 Esslöffel Öl mit dem Paprikapulver verrühren und mit Salz und Pfeffer würzen. Die Auberginenscheiben von beiden Seiten damit bestreichen.
o Die Auberginenscheiben auf dem Rost oder auf der Grillplatte so lange grillen, bis sie leicht gebräunt und weich sind. (Alternativ bei 200 °C im Backofen garen.) Vor der Weiterverwendung abkühlen lassen.
o Die Zwiebeln schälen, fein hacken und in 1 bis 2 Esslöffel Öl in der Pfanne anschwitzen. Ebenfalls abkühlen lassen.
o Den Apfel vierteln, entkernen und mundgerecht würfeln.
o Die Cornichons fein würfeln. Die Oliven in feine Scheiben schneiden.
o Die Auberginenscheiben in Streifen schneiden. Mit den Zwiebeln, dem Apfel, den Cornichons und Oliven in eine Schüssel geben.
o Die Sojasahne mit dem Zitronensaft und Rapsöl, dem Dill und der Petersilie zu einem Dressing verrühren.
o Das Dressing vorsichtig mit der Auberginenzubereitung vermischen und den Salat herzhaft mit Salz und Pfeffer abschmecken.
o Vor dem Servieren abgedeckt 15 Minuten ziehen lassen.

Griechischer Kartoffelsalat

700 g Kartoffeln
1 – 2 TL Meersalz
etwa 1 ¼ l Wasser
2 Frühlingszwiebeln
2 Knoblauchzehen
5 – 6 EL Olivenöl
2 rote Paprikaschoten
1 Zucchino
200 g gekochte Kichererbsen
Saft einer halben Zitrone
4 – 5 MSP abgeriebene Zitronenschale
3 EL fein gehackte glatte Petersilie
1 – 2 EL fein gehackter Majoran
½ TL scharfes Paprikapulver
4 MSP gemahlener Kreuzkümmel
Meersalz
frisch gemahlener schwarzer Pfeffer

○ Die Kartoffeln mit dem Salz und Wasser etwa 20 Minuten als Pellkartoffeln garen. Das Kochwasser abgießen und die Kartoffeln abkühlen lassen. Die Kartoffeln pellen und in Würfel oder Scheiben schneiden.

○ Die Frühlingszwiebeln in feine Scheiben schneiden. Den Knoblauch schälen, fein hacken und beides in 2 Esslöffel Öl anschwitzen.

○ Die Paprika in Streifen schneiden und zu den Frühlingszwiebeln und dem Knoblauch in die Pfanne geben. Kurz anschwitzen, dann den in kleine Würfel geschnittenen Zucchino hinzufügen.

○ Das Gemüse unter gelegentlichem Rühren bissfest garen. Abkühlen lassen und zusammen mit den Kichererbsen zu den Kartoffeln geben.

○ Die verbliebenen 3 bis 4 Esslöffel Öl mit den restlichen Zutaten zu einem Dressing verrühren.

○ Vorsichtig mit dem Salat vermischen.

○ Den Kartoffelsalat herzhaft mit Salz und Pfeffer abschmecken und vor dem Servieren abgedeckt 15 Minuten ziehen lassen.

Klassischer Kartoffelsalat mit Mayonnaise

für 4 – 6 Portionen

1 ¼ kg vorzugsweise festkochende Kartoffeln
1 – 2 TL Meersalz
etwa 2 l Wasser
2 Zwiebeln
2 – 3 EL Rapsöl
½ Bund krause Petersilie
15 kleine Cornichons
3 – 4 EL fein gehackter Dill
175 g hausgemachte Mayonnaise (Rezept siehe Seite 147)
Meersalz
frisch gemahlener schwarzer Pfeffer

- Die Kartoffeln im Salzwasser etwa 20 Minuten als Pellkartoffeln garen.
- Das Kochwasser abgießen, die Kartoffeln kurz mit klarem Wasser abspülen und abkühlen lassen.
- Die Zwiebeln schälen, fein hacken und im heißen Öl anschwitzen. Ebenfalls abkühlen lassen.
- Die Petersilie kurz abbrausen, trockentupfen und fein hacken.
- Die Cornichons in feine Scheiben schneiden.
- Die Kartoffeln pellen, in Scheiben schneiden und mit den Zwiebeln, der Petersilie, den Cornichons und dem Dill in eine Schüssel geben.
- Die Mayonnaise hinzufügen und alles vorsichtig vermischen.
- Herzhaft mit Salz und Pfeffer würzen.
- Den Kartoffelsalat vor dem Servieren abgedeckt 15 bis 20 Minuten ziehen lassen.

Tipp:
Der Kartoffelsalat gelingt am besten, wenn Sie die Kartoffeln bereits am Vortag garen und dann im komplett abgekühlten Zustand pellen und in Scheiben schneiden. Auch die Mayonnaise sollte am Vortag zubereitet werden, damit sie im Kühlschrank noch schön fest wird.

Italienischer Nudelsalat mit geschmortem Rucola

350 g bunte Fusilli (Spiralnudeln)
1 – 2 TL Meersalz
etwa 3 l Wasser
15 getrocknete Tomaten
300 ml kochend heißes Wasser
150 g Rucola
75 g Pinienkerne
4 Frühlingszwiebeln
1 Knoblauchzehe
4 – 5 EL Olivenöl
Saft einer halben Zitrone
4 – 5 MSP abgeriebene Zitronenschale
4 – 5 EL fein gehacktes Basilikum
15 schwarze Oliven
Meersalz
frisch gemahlener schwarzer Pfeffer

○ Die Fusilli mit dem Salz und Wasser in etwa 10 Minuten bissfest kochen.

○ Die Fusilli in einen Durchschlag geben und kurz mit klarem Wasser abspülen. Gut abtropfen und abkühlen lassen.

○ Die getrockneten Tomaten mit dem kochend heißen Wasser übergießen und 15 Minuten darin ziehen lassen. Das Einweichwasser abgießen, die Tomaten mit den Händen etwas ausdrücken und in feine Streifen schneiden.

○ Den Rucola verlesen, waschen und gut abtropfen lassen. Danach grob zerkleinern.

○ Die Pinienkerne in der trockenen Pfanne kurz anrösten, bis sie duften.

○ Die Frühlingszwiebeln in feine Scheiben schneiden, den geschälten Knoblauch fein hacken.

- Das Öl in einer Pfanne erhitzen und die Frühlingszwiebeln und den Knoblauch darin anschwitzen.
- Den Rucola hinzufügen und so lange schmoren, bis er in sich zusammenfällt.
- Die Tomaten dazugeben und nochmals 1 bis 2 Minuten schmoren.
- Die Fusilli, das geschmorte Gemüse, die Pinienkerne, den Zitronensaft und die Zitronenschale sowie das Basilikum in eine Schüssel geben und vorsichtig vermischen.
- Die Oliven entkernen, grob hacken und unter den Salat mischen.
- Den Nudelsalat herzhaft mit Salz und Pfeffer abschmecken und vor dem Servieren abgedeckt 20 Minuten ziehen lassen.

Pilz-Polenta

4 EL getrocknete Steinpilze (15 g)
250 ml kochend heißes Wasser
1 mittelgroße Zwiebel
1 – 2 EL Rapsöl
1 l Wasser oder Gemüsebrühe
1 – 2 TL Meersalz
250 g Polenta
½ Bund glatte Petersilie
2 EL fein gehackter Thymian
frisch gemahlener weißer Pfeffer
Meersalz
Rapsöl oder Olivenöl zum Bestreichen

- Die Steinpilze kurz mit klarem Wasser abspülen. Dann mit dem kochend heißen Wasser übergießen und 20 Minuten darin quellen lassen.
- Das Wasser abgießen, die Steinpilze mit den Händen etwas ausdrücken und in feine Streifen schneiden.
- Die Zwiebel schälen, fein hacken und im heißen Öl in einem Topf anschwitzen.
- Das Wasser mit dem Salz zur Zwiebel in den Topf geben. Die Steinpilze hinzufügen und alles kurz zum Kochen bringen.
- Die Polenta unter Rühren einrieseln lassen.
- Kurz unter Rühren aufkochen, dann den Topf vom Herd nehmen.
- Die Petersilie fein hacken und mit dem Thymian zur Polenta geben.
- Die Polenta mit aufgelegtem Deckel etwa 10 Minuten ausquellen lassen.
- Dann mit etwas Pfeffer und, falls notwendig, mit noch etwas Salz abschmecken.
- Die Polenta auf einem Backblech oder einem großen Schneidebrett gut 1 Zentimeter dick ausstreichen und abkühlen lassen.
- In Rechtecke oder Rauten schneiden und diese von beiden Seiten mit reichlich Öl bestreichen.
- Die Polentastücke auf dem Rost oder auf der Grillplatte von beiden Seiten schön knusprig grillen.

Zaziki

1 große Salatgurke
½ TL feines Meersalz
500 g (ungesüßter) Sojajoghurt
100 ml Sojasahne oder Hafersahne
3 – 4 EL frisch gepresster Zitronensaft
2 – 3 EL Olivenöl
1 knapp gestrichener TL Johannisbrotkernmehl
1 Frühlingszwiebel
2 – 3 Knoblauchzehen (falls erwünscht, auch mehr)
5 EL fein gehackte glatte Petersilie
2 – 3 EL fein gehackter Dill
Meersalz
frisch gemahlener weißer Pfeffer

○ Die Salatgurke grob raspeln und mit dem Salz in einen Durchschlag geben.
○ Die Gurke gut 20 Minuten Wasser ziehen und abtropfen lassen.
○ Danach die Gurkenraspel in ein frisches Geschirrtuch geben und so lange mit den Händen auspressen, bis kaum noch Flüssigkeit austritt.
○ Den Sojajoghurt mit der Sojasahne, dem Zitronensaft und Öl verrühren.
○ Das Johannisbrotkernmehl durch ein feines Sieb streichen und unterrühren.
○ Die Frühlingszwiebel in feine Scheiben schneiden und mit den durchgepressten Knoblauchzehen sowie den Kräutern unterziehen.
○ Die Gurkenraspel hinzufügen und den Zaziki herzhaft mit Salz und Pfeffer abschmecken.
○ Den Zaziki etwa 15 Minuten abgedeckt im Kühlschrank ziehen lassen.
○ Vor dem Servieren eventuell mit noch etwas Salz nachwürzen.

Tipp:
Die Gurkenraspel gut auszudrücken, ist für einen schmackhaften Zaziki sehr wichtig, weil es sonst zu wässrig wird.

Taboulé (libanesischer Couscoussalat)

für etwa 6 Portionen

650 ml Wasser
1 TL Meersalz
350 g Couscous
60 – 70 ml Olivenöl
60 g Pinienkerne
4 EL Sultaninen
Saft einer halben Zitrone
2 Frühlingszwiebeln
2 mittelgroße Karotten
200 g gekochte Kichererbsen
1 – 2 durchgepresste Knoblauchzehen
2 – 3 EL Weißweinessig
3 – 4 EL fein gehackte glatte Petersilie
2 – 3 EL fein gehackte Minze
2 – 3 MSP gemahlener Koriander
2 – 3 MSP gemahlener Kreuzkümmel
Meersalz
frisch gemahlener schwarzer Pfeffer

○ Das Wasser mit dem Salz zum Kochen bringen.
○ Den Couscous einrieseln lassen und unter ständigem Rühren 1 bis 2 Minuten kochen. Den Topf vom Herd nehmen, den Deckel auflegen und den Couscous 10 bis 15 Minuten ausquellen lassen.
○ 3 Esslöffel vom Öl unterrühren, den Couscous in eine Schüssel umfüllen und abgedeckt abkühlen lassen.
○ Die Pinienkerne in der trockenen Pfanne anrösten, bis sie duften. Danach abkühlen lassen.

- Die Sultaninen mit dem Zitronensaft übergießen und 15 bis 20 Minuten darin ziehen lassen.
- Die Frühlingszwiebeln in feine Scheiben schneiden. Die Karotten grob raspeln.
- Den abgekühlten Couscous mit den Zinken einer Gabel auflockern.
- Die Frühlingszwiebeln, Karotten, Pinienkerne, die Sultaninen mit dem Zitronensaft sowie die Kichererbsen vorsichtig untermischen.
- Das verbliebene Öl mit den restlichen Zutaten zu einem Dressing verrühren und vorsichtig mit dem Couscoussalat vermischen.
- Den Couscoussalat herzhaft mit Salz und Pfeffer abschmecken.
- Den Couscoussalat abgedeckt etwa 20 Minuten ziehen lassen und vor dem Servieren, falls erwünscht, nochmals mit etwas Salz nachwürzen.

Thailändischer Nudelsalat

250 g Mie-Nudeln
1 l Wasser
1 reife Mango
2 rote Paprikaschoten
4 Frühlingszwiebeln
⅓ Salatgurke
1 gut walnussgroßes Stück Ingwer (falls erwünscht, auch mehr)
1 große Knoblauchzehe
5 EL grob gehackte Cashewnüsse

Für das Dressing:
3 – 4 EL Sojasauce
2 – 3 EL Ketjap Manis (süße indonesische Sojasauce)
2 – 3 EL süße thailändische Chilisauce
3 EL Sesamöl
Saft einer Limette
3 – 4 EL fein gehacktes Koriandergrün

o   Die Mie-Nudeln mundgerecht zerkleinern.
o   Das Wasser zum Kochen bringen und die Nudeln darin etwa 5 Minu-
    ten bissfest garen. Die Nudeln in einen Durchschlag geben, mit kaltem
    Wasser abspülen, gut abtropfen und abkühlen lassen.
o   Die Mango schälen, entkernen und in feine Würfel schneiden.
o   Die Paprika in feine Streifen, die Frühlingszwiebeln in feine Scheiben
    schneiden.
o   Die Salatgurke würfeln.
o   Den Ingwer und Knoblauch schälen und sehr fein hacken.
o   Die Nudeln, Mango, das Gemüse und die Cashewnüsse in einer Schüs-
    sel vermischen.
o   Die Zutaten für das **Dressing** verrühren, zum Salat geben und vorsich-
    tig unterziehen.
o   Den Nudelsalat vor dem Servieren abgedeckt 15 Minuten ziehen lassen.

Toskanischer Brotsalat

4 große Scheiben altbackenes Weiß- oder Bauernbrot
etwas kaltes Wasser
6 (Flaschen-)Tomaten
½ Salatgurke
1 rote Zwiebel
2 Stangen Staudensellerie
2 Knoblauchzehen
4 EL fein gehacktes Basilikum
4 EL fein gehackte glatte Petersilie
5 – 6 EL Olivenöl
3 EL roter Balsamessig
Meersalz
frisch gemahlener schwarzer Pfeffer

○ Vom Weiß- oder Bauernbrot die Rinde entfernen.
○ Die Scheiben in kleine Stücke reißen oder schneiden, in eine Salatschüssel geben und mit etwas kaltem Wasser beträufeln. Das Brot sollte feucht, aber auf keinen Fall durchnässt sein.
○ Die Tomaten und Salatgurke würfeln.
○ Die geschälte Zwiebel und den Staudensellerie fein würfeln.
○ Den Knoblauch schälen und fein hacken.
○ Das Gemüse, den Knoblauch, das Basilikum und die Petersilie zum Brot in die Schüssel geben.
○ Das Öl mit dem Essig verrühren und beides vorsichtig mit dem Salat vermischen.
○ Den Brotsalat herzhaft mit Salz und Pfeffer abschmecken.
○ Den Salat vor dem Servieren abgedeckt etwa 30 Minuten ziehen lassen.

Tipp:
An heißen Sommertagen schmeckt dieser Salat schön frisch, wenn Sie zusätzlich noch 2 bis 3 Esslöffel fein gehackte Minze untermischen.

Süßspeisen vom Grill
Immer eine Versuchung wert

Gegrilltes Gemüse, bunte Spieße, Veggie-Burger, gefüllte Päckchen und das war's? – Schade wär's! Auch fantasievolle Früchtekreationen und süße Leckereien wie Zimtschnecken oder Schokohörnchen machen sich gut auf dem Rost und sorgen für ein heißes Finale. Schließlich sollen auch alle Süßschnäbel kulinarisch voll auf ihre Kosten kommen. Mit den verführerischen »Kleinigkeiten« lässt es sich schlemmen bis zum Schluss.

Ananasscheiben mit Limettenmarinade

1 Ananas

Für die Limettenmarinade:
70 g Ahornsirup (50 ml)
Saft und Schale einer halben unbehandelten Limette
1 – 2 EL mildes Olivenöl
4 – 5 MSP frisch gemahlene Chiliflocken

- Die Ananas gründlich schälen. Dabei darauf achten, dass nach dem Schälen keine braunen, holzigen Stellen im Fruchtfleisch verbleiben.
- Die Ananas in etwa acht Scheiben schneiden. Die harten Strunkansätze in der Mitte herausschneiden.
- Die Zutaten für die **Limettenmarinade** verrühren und 5 bis 10 Minuten ziehen lassen.
- Die Ananasscheiben von beiden Seiten mit der Limettenmarinade bestreichen. Auf den Rost oder in die Grillschale geben und so lange grillen, bis die Ananasscheiben bissfest gegart sind und auf beiden Seiten ein schönes »Grillmuster« aufweisen.
- Zum Ende der Grillzeit mit der verbliebenen Marinade bestreichen.

Tipp:
Schokoladenfans können die gegrillten Ananasscheiben mit Schokoladensauce servieren. Dazu 80 bis 90 Gramm Zartbitterschokolade grob hacken, dann mit 1 bis 2 Esslöffel hochwertiger Pflanzenmargarine in einen kleinen Topf geben und diesen an den Rand des Grills setzen. Die Schokolade und Margarine unter gelegentlichem Rühren zum Schmelzen bringen. Die gegrillten Ananasscheiben zum Servieren mit der geschmolzenen Schokolade überträufeln.

Apfel-Pflaumen-Spieße mit Vanille-Zimt-Sauce

Für die Vanille-Zimt-Sauce:
400 ml Sojadrink oder Reisdrink
100 ml Sojasahne oder Hafersahne
4 EL Roh-Rohrzucker
½ TL gemahlener Zimt
½ Vanilleschote
1 knapp gestrichener TL Johannisbrotkernmehl
3 – 4 MSP gemahlene Kurkuma (falls erwünscht)

Für 4 Apfel-Pflaumen-Spieße:
2 mittelgroße Äpfel
16 große entsteinte Trockenpflaumen
4 Holzspieße

Für die Marinade:
Saft einer halben großen Zitrone
2 – 3 EL Ahornsirup
½ TL gemahlener Zimt
2 MSP gemahlene Gewürznelken

- Für die **Vanille-Zimt-Sauce** den Sojadrink mit der Sojasahne, dem Zucker, Zimt sowie dem ausgekratzten Mark der Vanilleschote und der Schote in einen Topf geben.
- Langsam unter gelegentlichem Rühren erhitzen.
- Die Temperatur reduzieren und die Sauce bei sehr niedriger Temperatur 20 bis 25 Minuten auf dem Herd ziehen lassen.
- Die Vanilleschote entfernen und die Sauce zum Kochen bringen.
- Das Johannisbrotkernmehl in den Topf sieben, gut unterrühren und die Sauce 2 bis 3 Minuten kochen.
- Die Kurkuma unterrühren.
- Die Sauce in eine kleine Karaffe umfüllen und im Kühlschrank gut durchkühlen lassen.

- Für die **Apfel-Pflaumen-Spieße** die Äpfel vierteln und die Kerngehäuse entfernen. Die Apfelviertel halbieren, sodass insgesamt 16 etwa gleich große Apfelstücke entstehen.
- Die Apfelstücke und Trockenpflaumen auf die Spieße verteilen.
- Für die **Marinade** alle Zutaten verrühren.
- Die Apfel-Pflaumen-Spieße von allen Seiten mit der Marinade bestreichen und abgedeckt gut 10 Minuten ziehen lassen.
- Die Apfel-Pflaumen-Spieße auf dem Rost, in der Grillschale oder auf der Grillplatte so lange grillen, bis die Apfelstücke bissfest gegart und leicht gebräunt sind.
- Während des Grillens regelmäßig wenden und zum Ende der Grillzeit mit der verbliebenen Marinade bestreichen.
- Die heißen Apfel-Pflaumen-Spieße mit der gut gekühlten Vanille-Zimt-Sauce servieren.

Tipp:
Da die Vanille-Zimt-Sauce gut durchkühlen muss, sollte sie bereits am Vortag zubereitet werden.

Balsam-Nektarinen auf Himbeerspiegel

4 große reife Nektarinen

Für die Marinade:
3 – 4 EL roter Balsamessig
2 EL Bourbon-Vanillezucker
2 – 3 EL mildes Olivenöl

Für den Himbeerspiegel:
450 g gut gekühlte Himbeeren
5 – 6 EL Puderzucker
4 – 5 Blättchen Zitronenmelisse

o Die Nektarinen halbieren und die Kerne entfernen.
o Den Essig mit dem Zucker und Öl zu einer **Marinade** verrühren.
o Die Nektarinen in eine Schüssel geben und mit der Marinade überträufeln. Die Nektarinen vorsichtig wenden, sodass sie von allen Seiten mit der Marinade überzogen sind.
o Die Nektarinen 2 bis 3 Stunden abgedeckt im Kühlschrank ziehen lassen. Dabei gelegentlich vorsichtig wenden.
o Etwa 70 Gramm von den Himbeeren beiseitelegen.
o Die verbliebenen Himbeeren für den **Himbeerspiegel** mit dem Puderzucker in ein hochwandiges Rührgefäß geben und mit dem Pürierstab zu einer glatten Creme pürieren. (Nach Belieben zusätzlich durch ein Passiersieb streichen.)
o Die Creme auf vier Dessertteller verteilen und glatt streichen.
o Die Nektarinen auf dem Rost, in der Grillschale oder auf der Grillplatte so lange von beiden Seiten grillen, bis sie leicht gebräunt und heiß sind.
o Zum Ende der Grillzeit mit der verbliebenen Marinade bestreichen.
o Die fertig gegrillten Nektarinenhälften mit den Schnittflächen nach oben auf den Himbeerspiegel geben.
o Mit den verbliebenen Himbeeren füllen.
o Mit den grob gehackten Blättchen der Zitronenmelisse überstreuen und servieren.

Bananen-Pancakes mit Zimt

für 8 Bananen-Pancakes

200 g Dinkelmehl (Type 630)
3 EL geschroteter Leinsamen
2 EL Roh-Rohrzucker
1 TL Backpulver
1 Päckchen Backnatron (5 g)
½ TL gemahlener Zimt
1 MSP feines Meersalz
1 Banane
250 ml Sojadrink oder Reisdrink
1 TL weißer Balsamessig
Ahornsirup nach Belieben

○ Die trockenen Zutaten in einer Schüssel gut vermischen.
○ Die Banane schälen, mit zum Beispiel den Zinken einer Gabel gründlich zermusen und zum Mehlgemisch geben.
○ Den Sojadrink hinzufügen und alles zu einem glatten Teig verrühren.
○ Den Essig unterrühren.
○ Für jeden Pancake eine kleine Schöpfkelle an Teig auf die sehr gut geölte und heiße Grillplatte geben.
○ Die Pfannkuchen wenden, wenn die Unterseite schön gebräunt ist und der Teig von unten schon fest geworden ist. Dabei, falls notwendig, nochmals etwas Öl auf die Grillplatte geben. Auf der zweiten Seite ebenfalls schön braun ausbacken.
○ Noch heiß mit etwas Ahornsirup servieren.

Tipp:
Den Zeitpunkt, wann die Pancakes zum Wenden fertig sind, erkennt man auch daran, dass sich auf der Oberseite kleine Bläschen bilden.

Curry-Bananen mit Mandelkrokant

Für den Mandelkrokant:
65 g Roh-Rohrzucker
2 EL Wasser
5 EL Mandelblättchen (30 g)

Für die Curry-Bananen:
5 EL Ahornsirup
3 EL frisch gepresster Zitronensaft
3 – 4 MSP abgeriebene Zitronenschale
1 – 1 ½ TL mildes Currypulver (falls erwünscht, auch mehr)
4 große Bananen aus ökologischem Anbau

- Für den **Mandelkrokant** den Zucker mit dem Wasser in einen kleinen Topf geben und so lange unter Rühren erhitzen, bis der Zucker karamellisiert.
- Die Mandelblättchen vorsichtig unterrühren. So lange rühren, bis alle Mandelblättchen mit Karamell überzogen sind.
- Den Mandelkrokant auf einen mit Backpapier bedeckten flachen Teller geben und kurz abkühlen lassen. Danach den Krokant mit einem Spatel oder stumpfen Messer vom Backpapier lösen und etwas zerkrümeln.
- Für die **Curry-Bananen** den Ahornsirup, Zitronensaft, die Zitronenschale und das Currypulver verrühren.
- Die Bananen der Länge nach einschneiden. Dabei jedoch darauf achten, dass die unteren Seiten der Schalen nicht angeschnitten werden. Die Einschnitte mit einem stumpfen Messer oder Teelöffel vorsichtig etwas verbreitern.
- Die Bananen mit den Einschnitten nach oben auf die Grillplatte oder in die Grillschale legen.
- Sobald die Bananenschalen anfangen, sich braun zu verfärben, die Curryzubereitung vorsichtig in die Einschnitte träufeln. So lange weitergrillen, bis das Fruchtfleisch weich ist.
- Zum Servieren die Curry-Bananen auf Dessertteller legen und jeweils ein wenig Mandelkrokant in das Bananeninnere geben.
- Die köstlichen Bananen direkt aus den Schalen löffeln.

Erdbeer-Salbei-Spieße

für 4 Erdbeer-Salbei-Spieße

10 Beeren rosa Pfeffer
5 – 6 EL mildes Olivenöl
20 schöne große Erdbeeren (insgesamt 400 – 500 g)
8 große Blätter Ananassalbei
4 Holzspieße
Saft einer halben Limette
2 TL Bourbon-Vanillezucker
3 – 4 EL fein gesiebter Puderzucker

o Die Beeren des rosa Pfeffers mit dem Öl in einen kleinen Topf geben und beides kurz erhitzen, aber nicht kochen. Danach abkühlen lassen.

o Die Erdbeeren kurz abbrausen, mit Küchenkrepp vorsichtig trocken- tupfen und die grünen Stielansätze herausschneiden.

o Die Erdbeeren und die jeweils zusammengefalteten Blätter Ananas- salbei auf die Spieße geben.

o Den Limettensaft mit dem Vanillezucker verrühren und die Spieße von allen Seiten damit bestreichen.

o Die Erdbeer-Salbei-Spieße kurz auf der Grillplatte oder in der Grill- schale von allen Seiten grillen, bis die Erdbeeren leicht gebräunt, aber noch fest sind.

o Die Erdbeer-Salbei-Spieße auf vier Dessertteller verteilen.

o Das Olivenöl mit den Pfefferbeeren durch ein Sieb geben und die Spieße damit beträufeln.

o Die Spieße mit dem Puderzucker überstäuben und servieren.

Tipp:
Die rosafarbenen Früchte des brasilianischen Pfefferbaums sind nicht scharf, son- dern von mild aromatischem Geschmack. Sie werden unter der Bezeichnung »Rosa Pfeffer« oder »Rosa Beeren« angeboten oder bunten Pfeffermischungen beigemischt.
Falls Sie mögen, können Sie noch etwas Schokoladensauce zu den Erdbeer-Salbei- Spießen reichen (siehe Tipp Seite 173).

Gefüllte Schokobirnen

4 EL frisch gepresster Zitronensaft
2 EL Ahornsirup
4 kleine Birnen

Für die Füllung:
5 EL Dinkelflocken oder grobe Haferflocken
60 ml Sojasahne oder Hafersahne
4 knapp gestrichene EL ungesüßtes Kakaopulver
4 EL Roh-Rohrzucker
2 EL gemahlene und blanchierte Mandeln

○ Den Zitronensaft mit dem Ahornsirup in einer flachen Schüssel verrühren.
○ Die Birnen der Länge nach halbieren, schälen und die Kerngehäuse großzügig ausstechen.
○ Die Birnen zum gesüßten Zitronensaft in die Schüssel geben und mehrmals vorsichtig wenden, damit sie gut mit dem Zitronensaft überzogen sind und nicht mehr braun anlaufen.
○ Für die **Füllung** die Dinkelflocken mit der Sojasahne, dem Kakaopulver, Zucker und den Mandeln verrühren.
○ Die Füllung auf die ausgehöhlten Birnen verteilen.
○ Die Birnen in die Grillschale oder auf die Grillplatte setzen und bei nicht allzu hoher Temperatur so lange grillen, bis das Fruchtfleisch weich und die Füllung heiß ist.
○ Dabei nach Möglichkeit einen Deckel für den Grill verwenden.

Heiße Mandel-Aprikosen

12 große und noch feste Aprikosen

Für die Marinade:
3 EL Roh-Rohrzucker
Saft einer halben kleinen Zitrone
3 – 4 EL Mandellikör (Amaretto)
4 – 5 EL fein gesiebter Puderzucker
4 EL gehackte Mandeln

○ Die Aprikosen halbieren und entkernen.
○ Für die **Marinade** den Rohrzucker mit dem Zitronensaft und Mandellikör zu einer Marinade verrühren. So lange rühren, bis der Zucker sich aufgelöst hat.
○ Die Aprikosen zur Marinade gegen und vorsichtig vermischen. Abgedeckt etwa 15 Minuten ziehen lassen.
○ Die Aprikosen auf die Grillplatte oder in die Grillschale legen und so lange auf dem Grill belassen, bis sie weich und leicht gebräunt sind. Dabei gelegentlich vorsichtig wenden und zum Ende der Grillzeit mit der verbliebenen Marinade überträufeln.
○ Zum Servieren die Aprikosen auf vier Dessertteller verteilen.
○ Mit dem Puderzucker überstäuben und mit den Mandeln bestreuen.

Tipp:
Falls Sie auf den Alkohol verzichten möchten, können Sie den Mandellikör durch Mandelsirup ersetzen.

Marzipan-Schoko-Hörnchen

250 g Dinkelmehl (Type 630)
2 – 3 EL Roh-Rohrzucker
1 Päckchen Bourbon-Vanillezucker
1 ½ TL Trockenhefe
1 MSP feines Meersalz
2 EL Rapsöl
etwa 110 ml lauwarmer Sojadrink oder Reisdrink
Dinkelmehl für die Arbeitsfläche

Für die Marzipanfüllung:
100 g Marzipanrohmasse
2 EL Orangenblütenwasser
3 EL fein gesiebter Puderzucker
5 – 6 EL fein geraspelte Zartbitterschokolade

- Das Mehl mit dem Zucker, der Hefe, dem Salz und Öl vermischen.
- Unter Kneten in kleinen Portionen den Sojadrink hinzufügen. So lange kneten, bis der Teig geschmeidig ist und nicht mehr am Schüsselboden oder Schüsselrand klebt.
- Den Teig abgedeckt an einem warmen Ort etwa 30 Minuten gehen lassen.
- Den Teig auf der gut bemehlten Arbeitsfläche zu einem etwa 28 Zentimeter langen Quadrat ausrollen.
- Das Quadrat in vier gleich große Teile schneiden, sodass vier kleinere Quadrate entstehen.

- Für die **Marzipanfüllung** die Marzipanrohmasse mit dem Orangenblütenwasser und Puderzucker verkneten.
- Die Marzipanfüllung auf die vier Quadrate streichen, dabei jeweils einen Rand von etwa 1 Zentimeter aussparen.
- Die Schokolade portionsweise jeweils mittig auf die Füllung geben.
- Die Quadrate nun jeweils von einer der Quadratspitzen zu vier Hörnchen aufrollen.
- Die Hörnchen nochmals etwa 10 Minuten gehen lassen.
- Die Hörnchen in der Grillschale oder auf dem Rost bei nicht allzu hoher Temperatur so lange grillen, bis die Füllung heiß und die Hörnchen außen leicht gebräunt sind.
- Am besten sofort, das heißt noch heiß vom Grill, genießen.

Tipp:
Falls Sie kein Orangenblütenwasser vorrätig haben, können Sie stattdessen Orangensaft verwenden.

Röstbrot mit Bananen-Mandel-Creme

12 Scheiben (etwa 150 g) von einem altbackenen Baguette
*   oder von altbackenen Brötchen*
2 kleine Bananen
125 ml Sojadrink oder Reisdrink
3 – 4 EL Roh-Rohrzucker
2 – 3 EL frisch gepresster Zitronensaft
5 EL gemahlene und blanchierte Mandeln
½ TL gemahlener Zimt
große (Bananen-)Blätter zum Einwickeln
Zahnstocher
Ahornsirup zum Überträufeln

○ Die Brotscheiben auf dem Grillrost oder auch in der trockenen Pfanne ein wenig anrösten.

○ Die Bananen schälen, in Scheiben schneiden und mit dem Sojadrink, Zucker und Zitronensaft in ein hochwandiges Rührgefäß geben. Mit dem Pürierstab zu einer glatten Creme pürieren.

○ Die Mandeln und den Zimt unterrühren und abgedeckt 5 Minuten ziehen lassen.

○ Die Brotscheiben von beiden Seiten in die Bananen-Mandel-Creme tunken und in vier Portionen auf den Blättern verteilen. Die Blätterenden übereinanderschlagen und mit Zahnstochern sichern.

○ Die Päckchen bei nicht allzu hoher Temperatur auf den Rost oder die Grillplatte legen und so lange grillen, bis alles gut durcherhitzt ist.

○ Zum Servieren die Brotscheiben auf Dessertteller verteilen und mit etwas Ahornsirup überträufeln.

Rosmarin-Melonen

2 Cantaloupe-Melonen oder 2 Charentais-Melonen
5 – 6 EL Ahornsirup (falls erwünscht, auch mehr)
4 kleine Rosmarinzweige

o   Die Melonen halbieren und die Kerne und Fäden auskratzen.
o   Die Melonen mit den Schnittflächen nach unten auf den Rost legen und das Fruchtfleisch am Rand der Melonen leicht anbräunen.
o   Die Melonen umdrehen. Den Ahornsirup und die Rosmarinzweige in die Öffnungen geben.
o   Die Melonen bei nicht allzu hoher Temperatur so lange grillen, bis das Fruchtfleisch weich ist.
o   Das Aufsetzen eines Deckels auf den Grill verringert die Garzeit deutlich.
o   Die Rosmarinzweige entfernen und die Melonen mit zum Beispiel etwas Vanilleeis servieren.

Tipp:
Anstelle des Rosmarins können Sie auch 8 blühende Lavendelzweige verwenden.

Schoko-Rum-Bananen

4 große, nicht zu reife Bananen aus ökologischem Anbau
4 TL Roh-Rohrzucker
4 TL Rum
90 – 100 g Zartbitterschokolade

- Die Bananen der Länge nach mit einem scharfen Messer aufschneiden. Dabei darauf achten, dass die Unterseiten der Schalen nicht angeschnitten werden.
- Den Zucker und Rum in die Öffnungen geben.
- Die Schokolade in kleine Stücke zerbrechen und diese ebenfalls in die Öffnungen drücken. Die Schokoladenstücke sollten dabei jedoch nicht über die Ränder der Bananen herausragen.
- Die Bananen nun wieder etwas zusammendrücken und vorsichtig auf den Rost, in die Grillschale oder auf die Grillplatte legen. So lange grillen, bis das Fruchtfleisch weich und die Schokolade geschmolzen ist.
- Die köstlichen Schoko-Rum-Bananen direkt aus den (schwarz gewordenen) Schalen löffeln.

Tipp:
Die Schoko-Bananen schmecken natürlich auch ohne die Zugabe des Rums sehr lecker. Falls Sie zwar auf den Alkohol, aber nicht auf das Rumaroma verzichten möchten, ersetzen Sie den Rum durch Rumsirup und verwenden Sie nur die Hälfte des Zuckers.

Warmer Sommerfruchtsalat vom Grill

4 Nektarinen
6 Aprikosen
300 g Erdbeeren
2 – 3 EL mildes Olivenöl
5 EL Roh-Rohrzucker
2 EL Wasser
1 – 2 EL frisch gepresster Zitronensaft
½ Vanilleschote
6 Blättchen Zitronenmelisse
6 Blättchen Minze

- Die Nektarinen und Aprikosen entkernen und in mundgerechte Stücke schneiden.
- Die Erdbeeren putzen und halbieren.
- Das Olivenöl in eine Pfanne oder eine große Auflaufform aus Edelstahl geben und auf dem Rost heiß werden lassen.
- Den Zucker und das Wasser dazugeben. So lange rühren, bis der Zucker sich aufgelöst hat und karamellisiert.
- Die Nektarinen und Aprikosen hinzufügen und mit dem Karamell vermischen.
- Den Zitronensaft und das ausgekratzte Mark der Vanilleschote hinzufügen.
- Die Nektarinen und Aprikosen unter vorsichtigem Rühren 4 bis 5 Minuten erhitzen, bis sie weich, aber noch bissfest sind.
- Die Erdbeeren hinzufügen und nochmals 1 bis 2 Minuten erhitzen.
- Die fein gehackte Zitronenmelisse und Minze unterrühren und den Sommerfruchtsalat servieren.

Tipp:
Zum warmen Sommerfruchtsalat schmeckt ein wenig Vanille- oder Zitroneneis ganz vorzüglich. Aber auch gut gekühlte Vanillesauce ist dazu sehr lecker. Das Rezept für eine Vanillesauce finden Sie auf Seite 174. In Kombination mit dem warmen Sommerfruchtsalat empfiehlt es sich jedoch, in diesem Fall auf die Zugabe des Zimts zu verzichten.

Zimtschnecken mit Mandeln

für etwa 12 Zimtschnecken

Für den Teig:
350 g Weizenmehl (Type 1050)
75 g Roh-Rohrzucker
1 Päckchen Trockenhefe
1 Päckchen Bourbon-Vanillezucker
1 MSP feines Meersalz
2 EL Rapsöl
140 – 150 ml lauwarmer Sojadrink oder Reisdrink
Weizenmehl für die Arbeitsfläche

Für die Füllung:
4 – 5 EL hochwertige Pflanzenmargarine (50 g)
2 TL gemahlener Zimt
5 – 6 EL gemahlene blanchierte Mandeln

Zum Bestreichen:
2 – 3 EL Sojadrink oder Reisdrink

- Für den **Teig** die trockenen Zutaten und das Öl vermischen.
- Den Sojadrink in kleinen Portionen hinzufügen und alles zu einem geschmeidigen Teig verkneten, der nicht mehr am Schüsselboden oder Schüsselrand klebt.
- Den Teig abgedeckt an einem warmen Ort 30 bis 40 Minuten gehen lassen.
- Den Teig auf der gut bemehlten Arbeitsfläche zu einem etwa 3 Millimeter dünnen Rechteck ausrollen.

- Für die **Füllung** die Margarine zum Schmelzen bringen und mit dem Zimt verrühren.
- Die Teigoberfläche mit der Zimtmargarine bestreichen.
- Die Mandeln in einer dünnen Schicht darüber verteilen.
- Das Teigrechteck von einer der langen Seiten her aufrollen.
- Die Teigrolle in etwa 12 gleich große Stücke schneiden und diese mit den Händen etwas abflachen, sodass »Schnecken« entstehen.
- Die Teigschnecken nochmals etwa 10 Minuten gehen lassen.
- Von beiden Seiten mit dem Sojadrink bestreichen und bei nicht allzu hoher Temperatur auf den Rost oder die Grillplatte geben.
- Unter mehrmaligem Wenden so lange grillen, bis die Zimtschnecken aufgegangen, außen leicht knusprig und gebräunt sind.
- Noch heiß vom Rost oder auch abgekühlt genießen.

Die Autorin

Heike Kügler-Anger wuchs im nörd-
lichen Ruhrgebiet auf, lebte jeweils ein
paar Jahre in Ostwestfalen, am Kaiser-
stuhl bei Freiburg sowie in Leipzig und ist
nun seit gut zehn Jahren mit ihrem besten
Testesser (ihrem Ehemann) sowie mit
Hunden und Katern im Odenwald hei-
misch geworden. In ihrer Küche mit Blick
auf Wiesen, Wald und Nachbars Kühe
probiert sie immer wieder neue Rezepte
aus, die sie in ihren Kochbüchern und Kochkursen weitergibt.

Besondere Freude hat es ihr bereitet, einen ganzen Sommer lang den
Grill anzufachen und neue Köstlichkeiten und Kombinationen aus der
Gemüseküche auf den Rost zu legen. Weil der Grill jetzt quasi zur Familie
gehört, muss man sich nicht wundern, wenn demnächst auch im Winter
der Duft von frisch Gegrilltem durch den Odenwald zieht.

Von Heike Kügler-Anger sind im pala-verlag bereits erschienen:
o Milchfrei und schnell gekocht
o Käse veganese
o Cucina vegana
o Vegetarisches fürs Fest
o Vegan unterwegs
o Frisch aufgegabelt – Nudeln vegan
o Vegetarisches aus der Klosterküche
o Veganes fürs Fest

Kleiner Einkaufsführer

Informationen über verschiedene Grillgeräte für drinnen und draußen sowie Grillzubehör finden Sie beispielsweise bei folgenden Anbietern:

BBQ-Scout GmbH
Eichenallee 5
32791 Lage
www.bbq-scout.de

BBQ-Heaven
Salzbergener Straße 10
48485 Neuenkirchen
www.bbq-heaven.de

BBQ-County
Klosterstraße 23
65554 Limburg
www.bbq-county.de

Madlener GmbH
Bleichestraße 14 b
6850 Dornbirn
Österreich
www.grillshop.at

Keller GmbH & Co. KG
Konradstraße 17
79100 Freiburg
www.biokeller.de

Manufactum
Hiberniastraße 5
45731 Waltrop
www.manufactum.de

Globetrotter Ausrüstung
Denart & Lechhart GmbH
Bargkoppelstieg 10 – 14
22145 Hamburg
www.globetrotter.de

Waschbär
Der Umweltversand
Wöhlerstraße 4
79108 Freiburg
www.waschbaer.de

Feuer-Anzünder.de
Alter Schulweg 3
31535 Neustadt
www.feuer-anzuender.de

Rezepte von A bis Z

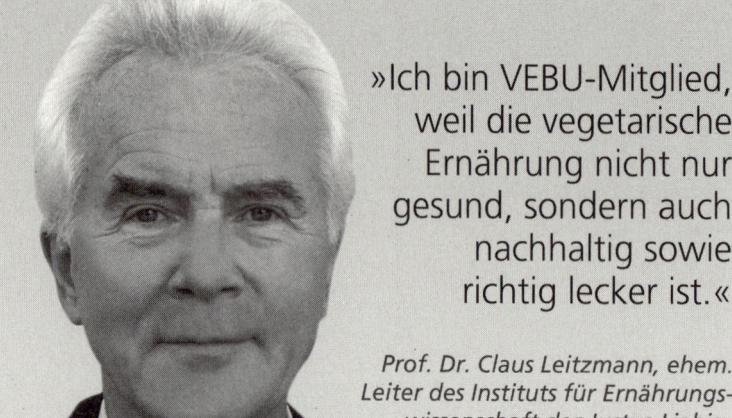

Wir engagieren uns noch stärker für den Klimaschutz!

Seit mehr als 15 Jahren drucken wir unsere Bücher weitestgehend auf Recyclingpapier und versuchen damit, eine ressourcenschonende und umweltfreundliche Buchproduktion zu ermöglichen.

In den letzten Jahren ist der Klimawandel mit seinen weitreichenden Folgen für uns und vor allem unsere nachfolgenden Generationen immer mehr zum Thema geworden. Die Auswirkungen sind bereits jetzt spürbar – Wetterextreme, sich verschiebende Jahreszeiten, Erderwärmung. Auch wenn diese Entwicklungen nicht mehr völlig aufzuhalten sind, müssen wir – auch als Verlag – aktiv werden.

Die *freiburger graphische betriebe*, die Druckerei, in der unsere Bücher produziert werden, beteiligen sich an der Klimainitiative der Druck- und Medienverbände Deutschland und bieten die Möglichkeit, Buchproduktionen klimaneutral herstellen zu lassen. »Klimaneutral« bedeutet den Ausgleich von Treibhausgasen bzw. die Neutralisation durch die Einsparung einer bestimmten CO_2-Menge an anderer Stelle. Da die Wirkungen des Treibhauseffektes global schädigen, ist es irrelevant, an welchem Ort der Welt Emissionen entstehen und wo sie dann letztendlich eingespart werden. Der gesamte Prozess des Ausgleiches von Treibhausgasen basiert auf dem Kyoto-Protokoll von 1997.

Wir haben nun die Möglichkeit, für jedes Druckprodukt den genauen Wert des CO_2-Ausstoßes, der auf den Produktionsprozess in der Druckerei und deren Materialeinsatz zurückzuführen ist, zu ermitteln. Mit Hilfe eines vom Bundesverband der deutschen Druckindustrie entwickelten Rechners, mit dem viele Faktoren erfasst werden – Energieverbrauch, Farbe, Papier, Transportwege oder Einsatz von Personal – wird am Ende der Buchproduktion ein Wert ermittelt, der die relevante Wertschöpfungskette für die technische Herstellung des Buchs umfasst und den durch die Produktion verursachten CO_2-Ausstoß nachweist.

Für diesen Wert bezahlen wir als Verlag einen Ausgleich, der dann in anerkannte und zertifizierte Klimaschutzprojekte fließt. Die Zertifizierung erfolgt durch die Organisation *firstclimate* (www.firstclimate.com) und wird durch das Logo »Print CO_2 kompensiert« angezeigt.

Die aus dem Druck dieses Buchs resultierende Klimaabgabe fließt in ein Windparkprojekt in der Marmara-Region in der Türkei.
Das Projektgebiet liegt in der Marmara-Region an einem Höhenrücken etwa 350 m über Meereshöhe, nahe der Dörfer Elbasan und Çatalca unweit Istanbuls. Im Rahmen des Projekts werden 20 Windenergieanlagen mit einer Nennleistung von je 3 MW errichtet.

Weitere Bücher von Heike Kügler-Anger

Heike Kügler-Anger:
Cucina vegana
ISBN: 978-3-89566-247-8

Heike Kügler-Anger:
Vive la Provence!
ISBN: 978-3-89566-306-2

Heike Kügler-Anger:
Frisch aufgegabelt – Nudeln vegan
ISBN: 978-3-89566-281-2

Heike Kügler-Anger:
Vegan unterwegs
ISBN: 978-3-89566-264-5

Vegane Köstlichkeiten

Suzanne Barkawitz:
Vegan genießen
ISBN: 978-3-89566-266-9

Angelika Eckstein:
Vegan backen
ISBN: 978-3-89566-239-3

Abla Maalouf-Tamer:
Vegane Köstlichkeiten – libanesisch
ISBN: 978-3-89566-284-3

Alexander Nabben:
Tofu vegan
ISBN: 978-3-89566-283-6

Gesamtverzeichnis bei:
pala-verlag, Rheinstraße 35, 64283 Darmstadt, www.pala-verlag.de

ISBN: 978-3-89566-302-4
© 2012: pala-verlag,
Rheinstraße 35, 64283 Darmstadt
www.pala-verlag.de

Umschlag- und Innenillustrationen: Margret Schneevoigt

Lektorat: Barbara Reis

Satz und Gestaltung: Verlag Die Werkstatt, Göttingen
www.werkstatt-verlag.de

Druck und Bindung: fgb • freiburger graphische betriebe
www.fgb.de
Printed in Germany

Dieses Buch ist auf Papier aus
100 % Recyclingmaterial gedruckt
und klimaneutral produziert.